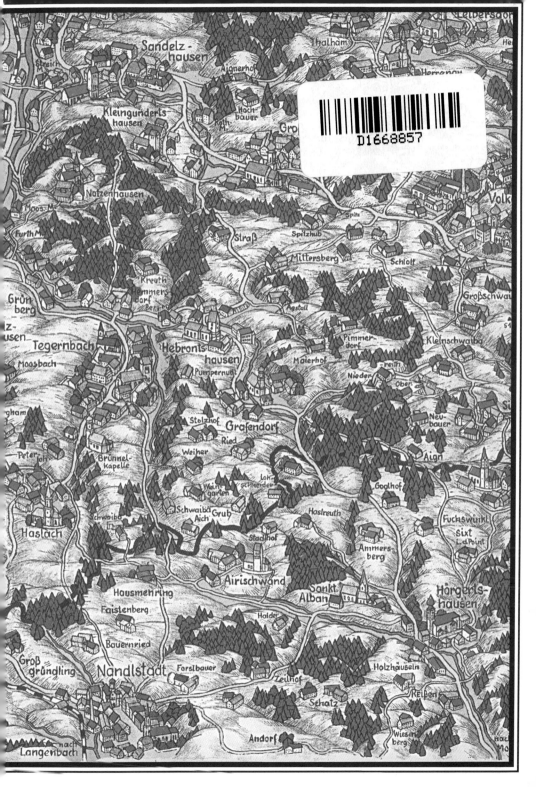

Maria Thiele

Kinderzeit
in der Hallertau

Dank

Für die Verwirklichung dieses Buches bedurfte ich tatkräftiger Hilfe. Besonders danken möchte ich meinen ehemaligen Grünberger Nachbarn für die wohlwollende Zustimmung, guten Freunden für geduldiges Lesen und konstruktive Kritik, meinen Geschwistern fürs Bebildern und Korrigieren und nicht zuletzt meinem Sohn Christian für die technische Aufarbeitung. Mit seiner Hilfe entstand auch die Hundegeschichte „Piccos Geheimnis".

2. Auflage, Mai 2008
Herausgabe: Maria Thiele
Maria.Thiele.Muenchen@web.de
Fotos: Sammlung Georg Felber sen., Grünberg
Gestaltung: Christian Thiele
Gesamtherstellung: Pinsker Druck und Medien GmbH, Mainburg
Auch auszugsweise Vervielfältigung
nur mit Einverständnis der Autorin
ISBN 3-920746-50-3

Kinderzeit in der Hallertau

Meine Heimat 4
Beim Felbaschuasta.. 7
Kindersegen.. 15
Hitlerzeit mit Nachwirkung 26
Hart im Nehmen 34
Allerlei Viechereien 36
Mehr als unser tägliches Brot 48
Bescherungen unseres Hennenbachs................................. 60
Unsere Schulzeit 68
D'Hopfazupf.. 79
Winterfreuden... 95
Sterben gehört zum Leben 105
Liebenswerte unvergessene Originale 108
Das Kreuz auf dem Kuglberg... 116
Abschied 118
Glossar 119

Meine Heimat

„Mei, woaßt as no?", fragt vergnügt unsere älteste Schwester und erzählt von früher.

Damit es nicht in Vergessenheit gerät, habe ich es unter fünffacher geschwisterlicher Beihilfe und Kontrolle aufgeschrieben. Das war interessant und lustig, und ich hoffe, dass der Leser meine Freude ebenso nachempfinden kann, wie mein Bedauern darüber, dass vieles mit den Jahren verloren gegangen ist. Unsere Kinder und Enkel können sich nicht vorstellen, in welcher Welt wir damals lebten. Angesichts der heutigen technischen Errungenschaften kann ich es selbst kaum noch fassen. Dabei stellte unser Leben nichts Besonderes dar, es ähnelte dem anderer Familien; viele ältere Zeitgenossen vom Land werden sich darin wieder erkennen.

Ich erlebte meine Kinderzeit in der Hallertau. Inmitten der weltgrößten Hopfenregion, zwischen Mainburg und Au, liegt mein Heimatdorf Grünberg. Sanfte Hügel, Äcker, Hopfengärten und Wälder prägen noch heute die Landschaft. Auf sumpfigen, von Gräben durchzogenen Wiesen und kleinen, von Rainen und Ranken umsäumten Feldern sah man damals noch viele Menschen werkeln. Oft begleitete ein Bächlein die kaum befahrenen Straßen, auf denen wir Kinder noch ungestört spielen konnten. Zwischen Waldhügel gestreut und nur auf unbefestigten Wegen erreichbar, fanden sich kleine Weiler und von Obstgärten umgebene Einödhöfe. Katzen lauerten an Feldrainen, Gänse watschelten über die Wiesen vor dem Dorf und zischten wichtigtuerisch, wenn man sich zu nähern wagte. In den Höfen scharrten gackernde Hühner, Schweine wühlten fröhlich grunzend im Saugarten, und die Kuhställe waren noch voller Leben. Wo sich zwei Wege trafen, stand häufig ein Feldkreuz.

Die im Lauf der Jahrhunderte gewachsenen Dörfer waren damals noch klein. In ihrer Mitte, oft auf einer kleinen Anhöhe, stand die Kirche mit Zwiebelturm, umgeben von Gottesacker und Friedhofsmauer. Nicht weit davon erhob sich der Maibaum neben einem Wirtshaus, zu dem eine Landwirtschaft und manchmal auch eine Metzgerei gehörten. Ein kleiner Kramerladen und eine Bäckerei fehlten ebenso wenig. Viele Dörfer besaßen eine eigene Zwergschule und ein paar kleine familiäre Handwerksbetriebe, wie zum Beispiel eine Schmiede und eine Schreinerei.

Bis in die sechziger Jahre bestand mein Heimatdorf aus neun kleinen und mittleren Anwesen. Auf seiner Anhöhe errichteten wohl schon die alten Römer einen Wachturm. Um 1145 erscheint ein Graf Rudiger von Grünberg in den Annalen. Einer seiner Nachkommen begleitete Barbarossas Dritten Kreuzzug, doch hundert Jahre später erlosch sein Geschlecht und der Besitz ging an die bayerischen Herzöge über. Den Gerichtssitz von Grünberg verlegte man später nach Nandlstadt. Im Dreißigjährigen Krieg brannten die Schweden das Schloss nieder, seine Steine dienten zur Verlängerung der Rudelzhausener Kirche.

Pfarrer Graßl, der vor knapp zweihundert Jahren auf dem ehemaligen Schlossgut das Licht der Welt erblickte und sich später einen Namen als Heimatforscher machte, entdeckte dort Reste eines Verlieses mit menschlichen Knochen. Es heißt, die Grünberger Burgherren seien mit Handelsleuten, die auf ihrem Weg von Freising nach Regensburg vorbeizogen, nicht gerade zimperlich umgegangen …

Wir Kinder überboten uns natürlich im Ausmalen schrecklich schauriger Hungerturmgeschichten, wenn wir Mauerreste ausmachten, und an der Sandgrube immer wieder alte Steine zum Vorschein kamen. Auf den mächtigen Wällen und in den tiefen Gräben spielten wir gerne Verstecken, wo unter dicken Buchen und Eichen die Blätter so hoch lagen, dass wir beim Buddeln nie auf den Grund kamen. Von dicker Laubschicht bedeckt, blieben wir unsichtbar. Dort, hinterm Selmeranwesen, schnitt ich auch Sengbaumzweige für den Palmbuschen und stopfte dicke

Moospolster in meine Schürze, um dem Osterhasen daheim ein weiches Nest zu bauen. Im Frühling war der steile Schlossberg gelb übersät von Schlüsselblumen.

Grünberger Schlossberg, Selmerhof und Hagmühle

Beim Felbaschuasta

Die alten Hausnamen Bloseschuasta, Stidlschuasta und Baunschuasta weisen darauf hin, dass es in unserem kleinen Grünberg ehemals viele Schuster gegeben haben muss. 1868 teilten „getaufte und ungetaufte Juden" den Huberhof, und so entstanden zwei neue Anwesen mit nur wenig Tagwerk Grund. Eines lag im Hubergarten, das andere unten an der Straße neben dem Hüthause. Die kleine Hofstelle im Hubergarten nennt man „beim Koch". Der Kochvater war Maurer und durfte seine beiden Kühe, die ich manchmal auch noch vor dem Wagen eingespannt sah, an die Feldraine der größeren Bauern zum Grasen führen.

Großvater und Mutter mit Kindern, Kühen und Kalbin

Unser Urgroßvater Josef Felber kam 1850 noch im Hüthause an der Straße zur Welt. Seine Eltern erwarben das neue Kleinanwesen daneben; in ihm wurden unser Großvater Jakob und unser Vater geboren. Im selben Haus schenkte unsere Mutter sieben Kindern das Leben. Anni, die Älteste, erblickte 1933 das

Licht der Welt. Danach Georg, „die andere Rosa", drei Jahre nach ihr kam Leni, dicht gefolgt von Rosa und Christa und schließlich, als weit abgehängter Nachzügler, 1949 ich, Maria.

Urgroßvater, Großvater und Vater waren Schuhmachermeister gewesen; mein Bruder Georg erlernte auch noch dieses Handwerk. Sie schusterten in der Wohnküche auf der „Schuastabruck", einer Erhöhung des Bodens, und verstauten darunter ihre Werkzeugkisten. Nachdem unsere Urgroßmutter verstorben war, funktionierte Vater ihr Stüberl um zur fortschrittlichen Schusterkammer mit neuer Ausputz- und Nähmaschine. Fortan gelangten über Mutters Küche sowohl die Kunden als auch die neuesten Nachrichten des Umlandes in Vaters Werkstatt.

Erinnerungen an diese Zeit sind nur noch bruchstückhaft erhalten und haben meist lustige Begebenheiten zum Inhalt. So radelte einmal frühmorgens unser kahlköpfiger kugelrunder Onkel Hans von Sandelzhausen herüber, um dem Vater in der Schusterwerkstatt zu helfen. „Heit hob i für'n Opa wos Guats", vertraute er Mutter an und zeigte ihr eine Flasche, gefüllt mit einem rötlichen, geistvollen Getränk. Während er noch mit Vater werkelte, kam der Großvater aus seiner Kammer und Mutter verriet ihm die Überraschung. Gemeinsam leerten sie den Inhalt der Flasche in ein anderes Gefäß und gossen kalten Lindenblütentee der gleichen Farbe hinein. Als der Onkel dann aus der Schusterbude trat und recht geschäftig verkündete: „Opa, für di hob i wos Guats!", probierte Großvater genüsslich und heuchelte: „Der is oba guat! Hans, mogst aa an Schluck?" Der war nicht abgeneigt und bekam auch ein Glaserl. Mit dem enttäuschenden Tee im Mund prustete er in Richtung Mutter los: „Du schwarze Hex du …", woraufhin sie lachend davonlief.

Während des 2. Weltkrieges spielte die Schusterei die Hauptrolle. Vater musste mit mehreren Gesellen und Lehrbuben für das Kinderlandverschickungsheim in Puttenhausen Schuhe reparieren und brauchte deshalb nicht einzurücken. Sein jüngerer Bruder

Jakob erlitt an der Front einen Knöcheldurchschuss, infolge dessen man ihn als Garnisonsschuster einsetzte, worum ihn einige Kameraden beneideten. Doch er kehrte nie heim; im Krieg ist er nicht etwa gefallen, sondern einfach verdurstet. Nachdem am 7. Mai 1945 die Gesamtkapitulation der deutschen Wehrmacht unterzeichnet worden war, verstarb er am Tag darauf im amerikanischen Gefangenenlager in Kulmbach. Es war ein heißes Frühjahr damals und die Gefangenen bekamen nichts zu trinken.

Vater wusste noch nicht, dass er seinen Bruder verloren hatte, als zwei Tage später Kriegsheimkehrer Hans Ellwart aus Danzig an unsere Tür klopfte. Als Schuhmacher hatte er gehört, dass man in unserem Haus schusterte. Der „Danziger Hans" bat darum, die kaputten Schuhe eines Kameraden reparieren zu dürfen und blieb gleich für mehrere Jahre bei uns. Später fand er seine Familie wieder und besuchte uns noch oft.

Leute, die in der Kriegs- und Nachkriegszeit ein Paar Schuhe brauchten, mussten einen Bezugsschein vorlegen. Der war, neben Geld, Tierhäuten und anderen Naturalien für Vater notwendig, damit er in Freising oder München Leder bekam und seine Gehilfen mit Arbeit versorgen konnte. Der Bahnbetrieb war damals eingestellt, eine Busfahrt blieb als einzige Möglichkeit, an das dringend benötigte Arbeitsmaterial zu gelangen. Während der Lenker des hoffnungslos überfüllten Gefährtes den Wartenden erklärte, dass er keinen mehr zusteigen lassen könne, kletterte Vater mit seinem Rucksack über die Leiter am Heck auf den Dachgepäckträger. Der Fahrer kannte ihn und fuhr erst weiter, als er oben saß.

Einige Jahre nach dem Krieg bekam Vater als Gegenwert für ein Paar neue Stiefel einen Kindermantel aus Webpelz, den meine Schwester Rosa anziehen sollte. Sie weigerte sich standhaft, vergoss viele Tränen und nahm sogar „Watschn" in Kauf. So durfte ich ihn fast ein Jahrzehnt später noch auftragen, die schmächtige Christa hatte ihn noch nicht „geschafft", er war schön warm. Rosa wollte immer nur anziehen, was andere Kinder auch trugen. Unbedingt sollten es Rock und Bluse sein, doch alles Betteln war umsonst. Schließlich half sie sich selbst mit der Schere und einem ungeliebten alten Kleid. Dessen Oberteil, ihre neue Bluse, blieb da, wo sie hingehörte, nur der erste Rock ihres Lebens drohte dauernd zu entschwinden, sobald sie nachließ, ihn krampfhaft festzuhalten. „A so kosd jetz glei Brotzeit nausdrogn!", schickte Mutter sie in diesem Aufzug zur Flüchtlingsfrau in den Hopfengarten am Straßacker. Sie musste kämpfen mit schwerer Brotzeittasche und Rock und schämte sich sehr.

Recht sorgfältig fertigte Vater glänzende Schuhe und Stiefel nach Maß an. Als die kraushaarig bezopfte Anni sechzehn war, machte er ihr ein Paar recht schöne Schnürstiefel, doch die durfte sie nicht einmal zur Berufsschule anziehen, sondern nur in die Kirche. Als sie viele Jahre später heiratete, waren die immer noch so gut wie neu.

Ich schnupperte gern ins Schusterkammerl, da roch es nach Leder, Farbe und Kleber. Leisten in allen Größen hingen aufgereiht im Regal, und es gab jede Menge interessanter Werkzeuge. Unsere harten, lederbesohlten Schuhe trugen eiserne Beschläge, wie kleine Hufeisen an Absatz und Spitze, und machten beim Laufen „Klick-Klack".

Mehrere Jahre nach dem Krieg gab es industriell hergestellte Schuhe so günstig zu kaufen, dass sich die aufwendige Maßanfertigung nicht mehr lohnte. Zum Doppeln und Flicken aber wurde immer noch genug Schuhwerk gebracht. Ein Bauer brachte seine Füße nicht mehr in die Werktagsschuhe, da brachte er sie zum Weiten. Mit der Raspelfeile von der darin festgebackenen Erde befreit, passten sie jedoch gleich wieder haargenau. Meiner Aufgabe, die geflickten Treter den jeweiligen Besitzern auszutragen, kam ich gerne nach. Mit umgehängtem Häkelnetz zockelte ich, beschaulich gemütlich über ein Brückerl am Bach, wo die Libellen surrten, an Wiesen voller Löwenzahn-Pusteblumen,

Margeriten, Pechnelken, Hahnenfuß und Glockenblumen vorbei, den am Hang gelegenen Gehöften ihrer Besitzer entgegen. Am liebsten trug ich sie freilich vor Weihnachten aus, da gab es die feinsten Butterplätzchen beim Stidl und von der freundlichen Huberin, doch auch die der übrigen Bäuerinnen waren nicht zu verachten. Verlegen bedankte ich mich und trug manchmal eine Manteltasche voll mit heim zum Vorzeigen. In der übrigen Zeit bekam ich ein paar Zehnerl, die ich in die Sparbüchse steckte. Die Reparaturkosten trug Vater in ein großes Buch ein; die Leute bezahlten später, wenn sie zu uns ins Haus kamen.

Schneidig: die Huberleute auf ihrer BMW

Zum Basteln liehen wir uns öfters Vaters „Schuastapapp" aus. Wir gingen sparsam damit um, doch einmal passierte es, dass eine Dose umkippte. Das schlechte Gewissen lastete dann schwer auf uns! Natürlich mussten wir Geschwister uns manchmal streiten.

Machten wir recht ein „Gschroa", übertönte uns aus der Schusterwerkstatt die Drohung: „Is ned glei a Ruah? Malefizbangadn, bluadige, wenn e no oa Wartl her, kim e min Kniaream vire!" Gelegentlich, speziell dann, wenn Mutter ihm gesagt hatte, dass wir es „bräuchten", kam Vater auch mit dem Lederriemen. Seine Striemen hinterlassende Ausdruckskraft prägte sich nur den Größeren ein, ich schlüpfte unten durch.

Wird der Knierlemen nicht missbräuchlich benutzt, dient er dazu, das Werkstück auf Schusters Knie zu fixieren, damit er mit beiden Händen arbeiten kann. Er ist wie ein Gürtel verstellbar und wird mit der Fußsohle festgehalten. Beim Zusammennähen von Oberleder, Brandsohle und Sohlleder sticht der Schuhmacher mit der „Ertl" das Loch ein. Gleichzeitig hält er zum Festnähen in jeder Hand ein Ende des mehrere Meter langen, selbst gemachten Schusterdrahtes. Dafür zog er ein paar Schnüre Hanfgarn durch den Pechbatzen, drehte sie zusammen, pichte seinen „Draht" nochmals ein und verlieh ihm schließlich mit Wachs den letzten Schliff. An dessen beiden Enden flocht er in einem komplizierten Verfahren steife Schweinsborsten zum Durchfädeln daran. Mutter hatte dafür ihren ältesten Sauen die langen Rückenborsten auszupfen müssen.

Nach der Schulzeit gingen meine Geschwister einem Gelderwerb nach, sobald die Eltern ihre Mithilfe daheim nicht dringend brauchten. Je weiter weg sie arbeiteten, umso lieber waren sie mir. Schrieben sie aber, dass sie bald mit dem Zug heimkämen, konnte ich das kaum erwarten. Beim kleinen Posthäuschen gegenüber dem Bauerwirt parkte Vater den Bulldog, ich sprang herunter und stolperte im dunklen Schatten der mächtigen Kastanienbäume voller Vorfreude und Ungeduld rauf zum Bahndamm mit dem hölzernen Wartehäuschen. Von dort blickte ich angestrengt Richtung Enzelhausen, von woher unser „Hallertauer Bockerl" mit der ersehnten Schwester kommen musste. Wir in unserer Enge Daheimgebliebenen lauschten den Erzählungen aus der „weiten Welt". Ab und zu brachten die Geschwister mir was mit, das war schön, aber nicht das Wichtigste. Sie hatten sich ebenso auf daheim und auf mich gefreut, das war's.

Mein Bruder mit seinem regen Geist arbeitete als Traktorfahrer auf dem königlichen Gut Rieden bei Starnberg und vermittelte der zurückhaltenden Rosa eine Stellung im nahe gelegenen Schlosshaushalt Leutstetten. Vater hatte einen betagten Katzenbuckeltaunus erworben, und ich durfte mit ihm, Leni, Anni und deren Freund Anton die Geschwister dort besuchen. In Leutstetten spendierten mir die Hausmädels einen Obstsalat und brachten mir bei, wie ich zur Vorstellung bei der königlichen Hoheit meinen Knicks zu machen hätte.

„Jetz habn de aa scho de moderna Liachta!", stellte ich verblüfft fest, als wir durch das beleuchtete München heimfuhren. Wir hatten schon kurz vorher eine Leuchtstoffröhre über unseren Küchentisch bekommen, die stellte das dünne Funzellicht aus der Glühbirne in den Schatten. Drehte ich den Lichtschalter fürs Elektrische auf, flackerte es zuerst immer.

Den riesigen Stall von Gut Rieden baute ich mit Schusternägeln, die ich in ein Schusterbrett steckte, nach. Allen Leuten, die in unser Haus kamen, konnte ich so den Stall anschaulich vorführen. Die vielen aufgereihten Nägel standen für die Kühe, dazwischen lagen Gänge, winzige Nägelchen waren meine Kälber. Getrennt davon saßen dicke Nägel für Bullen und die größten für die Rösser. Bei Leni, der Schwester mit den schweren langen Zöpfen, hat der Besuch im königlichen Kuhstall ebenfalls einen starken Eindruck hinterlassen: Staunend waren wir den hinteren Stallgang entlanggegangen. Eine Kuh krümmte leicht ihren Buckel und hob den Schwanz, Leni reagierte nicht schnell genug auf dieses eindeutige Signal und erwischte die volle Ladung auf ihren Sonntagsstaat.

Die „windigen" Fabrikschuhe wurden nicht mehr über so viele Jahre getragen und immer wieder instand gesetzt; man ging mit der Mode und leistete sich öfter was Neues. Gut 10 Jahre nach

Kriegsende überließ unser Vater die Schusterei den Handwerkern der umliegenden Orte, die ausschließlich davon leben mussten. Wo immer sich eine Gelegenheit ergab und sein Erspartes es erlaubte, pachtete und kaufte er Grund dazu, bis wir endlich fünf Kühe und etliche Jungtiere füttern konnten. Eine sumpfige Buckelwiese in Hebrontshausen mussten meine Schwestern mit ihm trockenlegen, bevor sie genutzt werden konnte. Wo sich Rossminze, wilder Lauch und Weidengebüsch ausgebreitet hatten, drang bei jedem Schritt ein geheimnisvolles Quietschen aus dem Untergrund. Unermüdlich und meist mit feuchten Füßen schaufelten sie einen Herbst und Winter lang Gräben aus, um Drainagerohre zu verlegen. Oft vergeblich, denn immer wieder gluckerten neue Rinnsale hervor, weil der lockere Moorboden am Hang nachrutschte. Nur wenige Jahrzehnte brauchten wir das mühsam der Natur abgerungene Viehfutter notwendig, dann machte es die EG-Agrarpolitik überflüssig.

Kindersegen

Meine ältesten Geschwister können sich noch an unsere Urgroßmutter erinnern. Vaters Großmutter wurde 1852 „an der Straß bei Mainburg" geboren. Einige Monate, nachdem ihr Mann Josef viel zu früh verstarb, brachte sie noch Zwillinge auf die Welt, und während sie im Kindbett lag, kam ihr der Rudelzhausener Kooperator zu Hilfe. Der Gottesmann mähte ein Stück Wiese ab, damit sie ihre Kuh füttern konnte. Sie musste ja nicht nur den jüngsten Nachwuchs, sondern auch noch fünf weitere Kinder mit Milch versorgen. Genauso viele Kleinkinder waren ihnen schon gestorben, das passierte damals häufig. Später hat sie ihrem Sohn Jakob das kleine Anwesen übergeben und weggeheiratet. Wiederum verwitwet kehrte sie nach Grünberg zurück und heiratete ein drittes Mal, nach Kitzberg bei Nandlstadt, von wo sie ebenfalls verwitwet heimkehrte.

Sie muss im besten Alter gewesen sein, als im Jahr 1900 in Mainburg eine Revolution stattfand. Ausgelöst wurde diese durch einen Magistratsbeschluss, den Bierpreis um zwei Pfennige pro Liter zu erhöhen. Das aufgeregte Volk versammelte sich auf dem Griesplatz und fasste den Beschluss, einfach kein Bier mehr zu trinken. Sie haben es aber doch nicht bleiben lassen können und der Protest verlief im Sande.

Nachdem die Urgroßmutter gestorben war, ist unser zweijähriger Bruder über zwei zusammengebundene Leitern auf das Stalldach geklettert. Den Eltern war zum Schreien zumute, doch sie verhielten sich still aus Angst, der Wicht könnte erschrecken und runterfallen. Vater stieg von der anderen Seite auf das Dach und schnappte sich den Arm des Abenteurers. In einem landwirtschaftlichen Betrieb waren schon immer die Unfallgefahren für Kinder ebenso groß wie die Lernmöglichkeiten.

Die Urgroßmutter bei der Hochzeit unserer Eltern

Es war im Frühsommer des Kriegsjahres 1940: Anni, die Älteste, gerade Schulanfängerin, Leni noch kein Jahr alt und Mutter mit ihrem fünften Kind schwanger. So fuhr sie mit Rad und Hut, denn für verheiratete Frauen geziemte es sich nicht, „borkopfert" zu gehen, zur Sonntagsmesse. Die blondlockige vierjährige Rosa lief ihr nach und winkte noch lange hinterher. Als Mutter von der Kirche heimkam, quälte das Kind schlimmstes Bauchweh. Unsere Eltern fragten den alten Selmervater nach einem Fuhrwerk für die Fahrt zum Krankenhaus. Aus Kriegsgründen hatte man ihm die Erlaubnis, mit seinem Auto Marke Hanomag zu fahren, entzogen. (Damals waren viele Fahrzeuge zuerst stillgelegt und später beschlagnahmt worden.) Dennoch zögerte er keinen Augenblick, für das von Schmerzen geplagte Mädchen eine Autofahrt zu riskieren und brachte sie ins Mainburger Krankenhaus. Die Schwestern waren gezwungen, den Arzt extra aus dem Volksbad zu holen. Mit spitzem Finger untersuchte er Rosas Bauch und fragte: „Tut's da weh? - tut's da weh?" Die eingeschüchterte Kleine wagte nicht zuzugeben, dass er ihr dabei furchtbare Schmerzen bereitete. Sie antwortete immer nur: „Naa, naa, naa ..." und schnappte dazwischen nach Luft. Am späten Nachmittag starb sie. Eine Ordensschwester hatte Mutter vorsorglich angewiesen, nicht zu schreien, sondern sich nur ruhig zu verhalten. Woran das Mädchen litt, war nicht schnell genug erkannt worden, wodurch es wohl zum tragischen Blinddarmdurchbruch kam.

Großvater fuhr auf dem Fahrrad nach Puttenhausen zum Wagner Onkel Mich, der den Kindersarg gezimmert hatte. Mit diesem Sarg auf dem angehängten Wägelchen setzte er seinen schweren Weg fort zum Krankenhaus, um sein totes Enkelkind abzuholen. Von dort nach Grünberg war er sicher eine Stunde unterwegs mit seiner lieben traurigen Fracht. Das leblose Mädchen heimzubringen, wo es am Morgen seines Todestages noch so fröhlich herum sprang, war wohl eine der schmerzvollsten Fahrten im Leben des alten Mannes. Was mag durch seinen Kopf gegangen sein? Wem mochte er begegnet sein und Antwort gegeben haben auf die Frage: „Wohin des Wegs?" Das hübsche Kind mit den Locken, von denen Mutter einige in einem Kuvert verwahrte, nannten wir seitdem immer „die andere Rosa", die im Himmel.

Dem Kind, das sie danach auf die Welt brachte, hätte sie nicht den gleichen Namen geben, es also nicht „nachtaufen" lassen dürfen, sagten andere Leute zu Mutter. Deswegen sei die neugeborene Rosa auch gleich an Lungenentzündung erkrankt. Doch als der Arzt dem Baby Blut der Mutter übertrug, besserte sich sein Zustand sofort.

Als ich mich endlich ankündigte, war Mutter vierzig, für damalige Verhältnisse schon eine Spätgebärende, und während der Schwangerschaft lange Zeit bettlägerig. Die jüngeren Geschwister wussten nichts Genaues über die Ursache ihrer Krankheit. Venenentzündungen und schwere Lungenembolien brachten sie nahe an den Tod, unser Bruder musste den Pfarrer holen. Der kam zweimal ins Haus, um ihr die Sterbesakramente zu spenden. Wenn der Kooperator auf dem Motorrad bei uns vorbeifuhr, unterbrach er stets seine Fahrt für einen kurzen Besuch an Mutters Krankenbett.

Am Gründonnerstag war vor und während des Gottesdienstes immer Beichtgelegenheit für Männer. Als Vater mit ihnen die Kirche verließ, begannen plötzlich alle Glocken zu läuten; normalerweise sind sie wegen des Leidens Christi zu dieser Zeit stumm. Die Männer regten sich auf, doch da sahen sie schon aus Richtung Grünberg dunklen Rauch aufsteigen. „Des is z'Greaberg drent! Felba, des kannt bei dir sei! Felba, bei dir brennt's!", wurde meinem Vater von allen Seiten zugerufen. So schnell er konnte, schwang er sich auf sein Schnauferl und gab Gas. Er wusste, die jüngeren Kinder waren auch im Gottesdienst, die älteren arbeiteten auf dem Feld und Mutter lag schwerkrank daheim. Als er am Dorfrand das Ende der „Kreppn", des Hohlweges beim Schusterbauern, erreichte, stieg der Rauch tatsächlich dort auf, wo unser Anwesen liegen musste. Endlich, bei der Kreuzsäule auf der Anhöhe zwischen Rudelzhausen und Grünberg angekommen, erkannte er, dass der Brandherd weiter weg lag. Beim Müller in Hemersdorf brannte der Stadel bis auf die Grundmauer ab, weil der Jüngste heimlich Eier färben wollte und dafür ein Feuerchen gemacht hatte.

Damals bekam man bei der Beichte in der Karwoche ein Heiligenbildchen, den Beichtzettel. Nach Ostern ging der Pfarrer vom Mesner begleitet von Haus zu Haus zum „Beichtzetteleisamen". Von jedem beichtpflichtigen Haushaltsmitglied musste auf einem Teller, neben einigen Münzen für den Priester, ein solcher Zettel vorliegen. Der Mesner bekam von der Bäuerin ein paar Eier. Beichtscheue Rossknechte bestachen oft brave Mägde oder Stallbuben, ihre geringen Sünden ein zweites Mal zu bekennen. Gute Nachbarn in Lindkirchen überlisteten die Geistlichkeit, indem sie sich die wichtigen Belege auf kürzestem Weg über hintere Haustüre und Fenster flink weiterreichten. Ein paar Jahrhunderte früher war die Osterbeichte, genauso wie die strenge Einhaltung der kirchlichen Fastengebote, unter Kurfürst Maximilian I. sogar staatliche Pflicht in Bayern gewesen.

Lenis Erstkommunion fiel in diese Zeit, und Tante Babet, die im Haushalt aushalf, lieh ihr das Rad für die Fahrt zur Beichte. Die Radkette streikte und sie fürchtete sehr, etwas kaputt gemacht zu haben, doch es folgte kein Tadel. Am Festtag gab es einen Gesundheitskuchen und von der Tante ein kleines Bildchen zum „Andenken an die Erste Heilige Kommunion". Pfarrer Augenthaler lud die Kinder für den Nachmittag ein und spendierte jedem zwei Stück Torte. In ihrer übergroßen Freude sparte Leni den größten Teil auf, um daheim alle in der Familie probieren zu lassen. Nur Anni war schneller, konnte nicht widerstehen und naschte.

Ein Vierteljahr später, kurz nach halb zwölf in der Nacht, kam ich zur Welt. Christa, die jüngste und wepsigste, wurde geweckt, sie hatte Namenstag und durfte mich als Geschenk betrachten. Die übrigen Geschwister überraschte ich erst am nächsten Tag und sie freuten sich riesig, sagen sie. Halbstarke Burschen des Dorfes hatten gespottet: „Jetz kimmt bei deina Muatta no wos Kloans, dawei kannst du selba scho a Kind kriagn!" Da schämte sich der sechzehnjährige Backfisch Anni furchtbar. Nun, zur Erntezeit, musste sie auf dem Wagen Heu anrichten und lief bei jedem Fuder, das in den Hof fuhr, in die Kammer, um mich anzuschauen. Als Mutter ihr vorhielt, sie hätte doch kein Schwesterl mehr wollen, entschuldigte sich Anni: „I hob do ned gwisst, dass ma de so gern hom muass!"

Gott sei Dank blieb meinen Geschwistern das Schicksal erspart, das zu früherer Zeit viele Familien und so auch die meiner Schwägerin Maria ereilte. Es war während des Krieges, als die Bäuerin in Maiersdorf sterben musste und neun Kinder hinterließ; sechs eigene und drei adoptierte. Ihr Jüngstes war gerade fünf Monate alt, ihre Ältesten, meine Schwägerin Maria und deren Schwester Leni, gingen beide das erste Jahr zur Schule. So gut sie es fertig brachten, zogen sie sich selber was an und machten sich auf den Weg nach Walkertshofen. Dort sah die Königsschneidermutter die beiden, patschnass und schlotternd, mit Schulranzen durch den Schneeregen stapfen. Sie holte die durchfrorenen Geschwister ins Haus, zog sie aus, rubbelte sie warm und packte sie in ein trockenes Gewand. Die nassen Sachen hing sie über dem Ofen auf und ließ die Schwestern erst wieder raus, als sich das Wetter gebessert hatte. Der zweijährige Konrad ertrank im Weiher und Resi, das jüngste Mädchen, wurde von ihrer Tante in Pettenhof aufgenommen. Der Vater musste dringend eine neue Mutter für seine Kinderschar herbeischaffen, und nach einem halben Jahr fand er eine Frau, die bereit war, die vielfache Mutterrolle zu übernehmen. 1945 zog auf dem Hof noch Frau Milde mit ihren vier Kindern ein; die Flüchtlingsfamilie hatte den Vater im Krieg verloren. Zusammen mit dem Sohn der zweiten Mutter war nun das Dutzend voll.

Während die meisten Familien reichlich mit Kindern beschenkt wurden, hatten unsere Nachbarn, die Selmers, vergeblich auf den Kindersegen gewartet. Bis der Bauer Hias uns und unseren Eltern Bescheid gab: „Mir ham jetz aa Kinda!" Die zarte zweijährige Christa auf dem Arm und der stämmige sechsjährige Manfred an der Hand kamen aus dem Kinderheim. Der Sohn mauserte sich zu einem der pfiffigsten „Greaberger Lausbuam", vor dem nichts sicher war. Allzeit draußen unterwegs, steckte er sommers wie winters in wildledernen Knickerbockern. Bewunderte unsere Mutter die sportliche Bräune seiner Arme und strammen Waden, lautete der trockene Kommentar des Lausers: „Do is scho a Dreg aa dabei!"

Wohlverdiente Rast: die Selmerin und die Liesl mit dem Koch Schoßl

Gerade vier Jahre alt, hopste ich an Mutters Hand nebenher auf dem Gallimarkt, der viele hundert Jahre am Tag des heiligen Gallus abgehalten worden ist und wo sich bis heute in Mainburg alles trifft. Da hörte ich, wie offensichtlich alte Bekannte verwundert wissen wollten: „Ja g'hört jetz de aa no eng?" Mutters Antwort: „Ja, de is uns grad no o'ganga!" Woher sie mich gekriegt hatten, wusste ich damals zwar noch lange nicht, dafür aber ziemlich genau, was diese Worte bedeuteten: Hatte man das Heu oftmals gewendet, so dass es endlich trocken genug zum Heimfahren taugte, und kam ausgerechnet dann ein Regenguss, der alle Arbeit zunichte machte, sprach man von ihm genauso. Daraufhin stellte ich mir vor, dass sie mich hatten nehmen „müssen", aus welchem Grund auch immer.

Mutter schämte sich ihrer vielen Schwangerschaften. Mit ein wenig Selbstbewusstsein hätte sie die Anspielungen bestimmter

Leute kontern können, wahrscheinlich wären diese dann sogar ausgeblieben. Meine Eltern und Geschwister hatten und haben mich herzlich gern, genauso wie ich sie. Doch der Mangel an Selbstvertrauen machte einigen von uns noch lange Jahre zu schaffen. Ich begleitete Mutter, als sie eine ledige Kusine im Wochenbett fragte: „Wer is'n na da Papa?", und werde nie vergessen, wie verzagt die schüchterne frischgebackene Mama eingestand: „A Flüchtling is". Auf der Unglücklichen lasteten „Sünd und Schand" doppelt schwer.

Zur Einweihung unseres ersten Autos begaben wir uns auf eine Wallfahrt nach Altötting. Mit von der Partie waren außer den Eltern meine große Schwester Anni und ihr Freund mit seinem kleinen Neffen Erwin. Unter stürmischem Glockenhall, der allerdings einer zeitgleich einziehenden Pilgergruppe galt, ratterte unser Vehikel an und Vater fand einen Parkplatz nächst der heiligen Stätte. Die Erwachsenen gingen, wir Kinder hüpften über den belebten weiträumigen Kapellplatz und hörten wohlbekannte Marienlieder singen. An der Gnadenkapelle angekommen erschrak ich und hielt Mutters Hand fest: Gebrechliche und gesunde, auch ganz alte Menschen umrundeten diese, Rosenkranz betend und schweren Schrittes, gebeugt unter der Last ihrer Tragkreuze und offensichtlich großer Sorgen. Genauso hatte auch Jesus, gegeißelt und dornengekrönt, für uns das schwere Kreuz getragen! Welch große Not oder Sündenlast mochte nur diese Männer und Frauen so sehr bedrücken? Auch Mutter betete mit und trug ein Kreuz, allerdings kein so großes. Mich zogen die bunten Votivtafeln in ihren Bann, die zu Tausenden sämtliche Kapellenwände schmückten: Männer, schmerzverzerrt unter einem Fuhrwerk begraben, durchgehende Pferde, aus einer schwarzen Wolke zuckende Blitze. Lichterloh brennende Gehöfte, panisch flüchtende Menschen und Tiere, ein umstürzender Baum, der einen Waldarbeiter erschlug, ein Kind, das in einen reißenden Bach stürzte - doch über jedem der Schreckensbilder schwebte im hellen Lichtschein die ummantelte hilfreiche Gnadenmutter. Gerne hätte ich alle Bilder angeschaut, allein ich fand kein Ende. Mutter betrat danach mit mir einen kleinen, finsteren Vorraum, und inmitten sorgenbeladener Menschen gelangten wir durch ein enges Portal ins Innere der prunkvollen dunklen Kammer zur gnadenreichen schwarzen Schutzmantelmadonna mit ihrem Kind im gleißenden Kerzenschein. Noch nie im Leben hatte ich solch eine Pracht gesehen, im Himmel konnte es nicht schöner sein! Alle Angst war vergessen, und mir wurde ganz feierlich zumute.

Wenig später standen wir vor der Stiftskirche, wo sich Holzbude an Holzbude drängte, beladen und behangen mit Kerzen und Kreuzen, Madonnen und Figürchen, Bildern und Büchern, Postkarten und vielem mehr. Mutter suchte Männer-, Frauen- und Kinderrosenkränze aus, auch für die Daheimgebliebenen, und Vater bezahlte. In der Kirche drinnen zeigte sie mir dann, wie der versilberte Schnitter Tod hoch oben auf einer Standuhr seine Sense unerbittlich hin und her schwingt. „Bei jedem Sensenschwung muss ein Mensch auf der Welt sterben", wurde ich aufgeklärt. Nach dem schaurigen Knochenmann durfte ich aber noch etwas ganz Feines sehen: das mit Edelsteinen besetzte „Goldene Rössl" in der Schatzkammer, das mir ebenfalls unvergesslich blieb.

Schließlich bedurften die Erwachsenen der Beichte, wofür sie sich anstellen mussten, und Mutter wollte auch noch ihre „frischen" Rosenkränze weihen lassen. Uns quengelnde Kinder steckten sie derweil ins Auto, - zum Pech für uns: Vor mehr als fünfzig Jahren hatte nämlich noch keiner gehört oder gelesen, dass man Kinder und Hunde des Sommers nicht dort einschließen sollte. In der Blechkiste wurde es zur Mittagszeit heißer und heißer. Unerfahren und unschuldig, wie wir waren, wussten wir uns dennoch zu helfen. Unsere Strickwesten hatten wir schon ausgezogen, da entledigte sich Erwin auch seines Oberhemdes und half, die vielen rückwärtigen Knöpferl meines schönsten Kleides aufzunesteln. Bis uns endlich, nach erlangter Absolution, die Großen im Hemd, aber immerhin lebendig vorfanden. Der fromme Bub hatte nichts anderes im Sinn gehabt, als mich aus reiner Nächstenliebe vor dem drohenden Hitzschlag zu bewahren und musste sich dafür noch oft anhören, er hätte mich ausgezogen. Und es erging uns wie Adam und Eva nach dem Sündenfall: „...da sahen sie, dass sie nackt waren und schämten sich sehr".

Mutter betete stets in solcher Ergriffenheit, als sei sie nur noch körperlich in unserer Welt, während ihr Geist und ihre Seele vorübergehend in überirdische Sphären entschwunden zu sein schienen. Ihre Strenge erstickte unseren natürlichen kindlichen Übermut oft schon im Keim. Wenn sie schon so viele „Deandln" hatte, wollte sie zumindest eines „da Himmemuatta schenga", indem sie es ins Kloster schickte. Beinahe wäre dies gelungen. Fünfjährig bestaunte ich mit großen runden Kulleraugen eine Nonne, die auf einer klappernden Schreibmaschine tippte. Das beeindruckte mich so sehr, dass ich „Schreibmaschinenschwester" werden wollte, um auch an so ein tolles Gerät zu gelangen.

Die Klosterschwester hatte ich in der Lungenheilanstalt gesehen, wo meine dünne, spitzgesichtige Schwester Christa mit zwölf Jahren auskuriert wurde. Daheim schon sollte sie auf Anweisung des Arztes das Bett hüten und Bananen futtern. Natürlich leistete ich Rundgesicht ihr dabei Gesellschaft und sie teilte beides mit mir. Ein Zeitvertreib, bei dem wir herausfanden, dass meine vom festen Anpacken verhornten Handflächen unempfindlich waren gegen feine Nadelstiche. Christa stickte mir gleich ein kunstvolles Fadennetz darauf. Ihr Sanatoriumsaufenthalt drohte teuer zu werden, und Mutter, die nie wagte, viel Geld auszugeben, hatte Gewissenskonflikte.

Später sah ich meine großen Schwestern emsig für ihre Aussteuer sparen und wollte das auch. Doch das war schwierig. Als ich zwölf war, durfte ich mit den Breitsametermädchen aus

Traich und ihren Eltern zum Wolnzacher Volksfest. Vorher hatte ich daheim fleißig arbeiten geholfen, und jetzt stand ich mit zwei Markstücken in der Hand vor wohlbekannten und nagelneuen Verlockungen. Sollte ich Schifferl schaukeln, im blinkenden, bei jeder Runde hoch- und nieder schwebenden Hubschrauber fliegen oder mich gar vom gleißenden Kettenkarussell herumschleudern lassen? Am Glückshafen Lose erwerben, den Riesenteddy erhoffen und eine Niete riskieren? Wundertüten enthielten garantiert kunterbunte, mit Brausepulver aufgepeppte Puffreiskörner neben verborgenen Schätzen. Eine von Schleckzeug überquellende Bude verströmte süße Düfte. Üppige Waffelbruchsäcke, würziges Magenbrot, karamellisierte Erdnüsse, Feigenkränze, Affenbrot und „Bärendreck", Lakritzschnecken lockten. Doch ich Dummerle fand es vernünftiger, mein Geld in bunten Plastikeierbechern und -löffeln anzulegen.

Hitlerzeit mit Nachwirkung

Gott sei Dank kenne ich den Krieg nur vom Erzählen. Meine Schwester Anni erinnert sich noch daran, dass zu Beginn des Krieges der Kohlmüllervater meinte: „Dem Kriag kim i aus, der dauert ned lang und meine Buam sind no z'jung". Zu der Zeit waren sie zirka zwölf bis achtzehn Jahre alt. Doch alle vier mussten noch in den Krieg. Nur der Sepp und der Wast kamen heim; von den beiden, die gefallen sind, galt einer jahrzehntelang als vermisst.

In der Schule mussten sich alle der Hitlerjugend anschließen. An Hitlers Geburtstag, dem 20. April, marschierten sie durchs Dorf und riefen, den rechten Arm ausgestreckt: „Heil Hitler! Führer befiehl, wir folgen Dir!" Zu singen hatten sie: „Heute gehört uns Deutschland und morgen die ganze Welt!" Einmal, beim Gang zur Schule, traf Anni vor der Kirche den Pfarrer. Sie musste ihm die Hand reichen, eine Kniebeuge machen und „Gelobt sei Jesus Christus" sprechen. Ein Stück weiter kam ihr ein junger, waschechter Nazi aus Enzelhausen entgegen, der nur drei Jahre älter war als sie. Also grüßte sie ihn mit: „Servus". Da packte er ihre Zöpfe und fragte, ob sie denn nicht wisse, wie der Deutsche Gruß heißt. „Grüß Gott", entgegnete sie und er zog noch stärker an ihren Zöpfen. „Er heißt „Heil Hitler"", herrschte er Anni an, und ihr entfuhr: „Du Depp!" Das erzählte er dem Lehrer und sie bekam dafür auf jede Hand zwei „Tatzn". Mehrere Mädels durften sich eine weiße Bluse und einen schwarzen oder dunkelblauen Rock zulegen, das trug die Hitlerjugend. Vater sagte: „Mia sand koane Hitler", und Anni bekam nichts.

Die Hopfenanbauflächen wurden eingeschränkt, man brauchte möglichst viel Ackerland zum Anbau lebenswichtiger Nahrungsmittel. 1944 dröhnten auch über der Hallertau amerikanische Bomber. Anfangs wurden sie von deutschen Jagdfliegern beschossen, später gaben ihnen eigene Jagdflugzeuge

Begleitschutz. Viele abgeschossene Amerikaner retteten sich per Fallschirm, man sah sie vom Himmel schweben. Anni arbeitete mit Mutter auf dem Pfarreracker am Kuglberg, als ein Bomber, von Tegernbach kommend, in der Nähe von Peterloh und Bergham Sprengladung abwarf. Ganz nah bei ihnen, in Bergham, geschah denn auch ein tragisches Unglück; sie liefen hin. Hauslers fünfzehnjährige Kathi hatte, während sie ihr Brot aß, unter einem Baum gestanden und verträumt zum Himmel geschaut, als sie von einem Bombensplitter an der Brust getroffen und tödlich verletzt wurde. Den Piloten nahm man bei Abens gefangen, wo seine Maschine zu Boden ging. Als er vom Tod des Mädchens hörte, war er tief berührt. Um Menschen und ihre Behausungen zu verschonen, hatte er, nachdem er in der Luft angeschossen worden war, seine vierundsiebzig Sprengbomben mit Splitter- und Gasdruckwirkung über freiem Feld abgeworfen. Anhand der über einen halben Meter tiefen Erdlöcher mit zwei Metern Durchmesser ließ sich seine Spur auch im Wald verfolgen. Die letzte Bombe tötete Kathi, ihr Name ist im Rudelzhausener Kriegerdenkmal eingraviert.

Alfred, mein Schwager aus Wolfertshausen, ging mit Nachbarskindern in Oberempfenbach zur Schule. Als es für unser Vaterland schon gar nicht mehr gut aussah, durften sie sich dort immer noch täglich Lobeshymnen über Hitlers Heldentum anhören. Strammstehend, den rechten Arm erhoben mit ausgestreckter Hand, mussten sie singen: „Die Fahne hoch …". Beim jeweiligen Bombenalarm sollten sie dann so schnell wie möglich heimlaufen. Kamen die Tiefflieger angedonnert, warfen sich die Knirpse in den Straßengraben.

Beim Enzelhausener Bahnhof wurde ein Kerosin-Güterzug bombardiert. Damals mangelte es an allem, vor allem aber an Arbeitsmaterial für den Hopfenbau. In dieser Zwangslage konnten viele Landwirte der Versuchung nicht widerstehen und organisierten aus den intakt gebliebenen Tankwagen Flugzeugbenzin für ihre

Hopfenspritzen. Mit dem starken Treibstoff gingen die zwar nicht gleich in die Luft, doch „verreckt sand's eahna olle".

Hopfenspritzen mit Motorspritze und Ochsen

Beim Limmer in Rudelzhausen ist gegen Kriegsende ein Kampfflugzeug abgestürzt und in Flammen aufgegangen. Frau Käser hatte in der Nähe Heu gemacht und erlitt Verbrennungen. Die Schulkinder, unter ihnen auch meine Schwester Anni, wurden aufgefordert, sich in gebückter Haltung auf den Heimweg zu begeben. Pflichtgemäß machten sie sich auf den Weg, allerdings zum Brandplatz.

Zu der Zeit waren neben der Straße Schützengräben, etwa vier Meter lang und knapp zwei Meter tief, ausgehoben worden. Aus diesen sollten anrückende feindliche Panzer bekämpft und mit Holzverbauungen, zum Beispiel beim Fürthaler in Rudelzhausen, aufgehalten werden, doch beide Maßnahmen erwiesen sich als wirkungslos.

Als der Krieg endlich vorbei war, zogen die deutschen Soldaten zu Fuß Richtung Heimat. Vor unserem Haus stand eine Linde, dreimal haushoch, drei Männer waren notwendig, ihren Stamm zu umfassen. Schon immer zweigeteilt, drohte sie auseinander zu brechen; Großvater wusste aus seiner Kinderzeit, dass sie als Bäumchen „von de Geass" (Ziegen) angefressen worden war. In ihrem Schatten suchten die ausgezehrten Kriegsheimkehrer Rast, deren abgelegte Wehrmachtsuniformen unsere Eltern später im Stadel unter Heu und Stroh versteckt fanden. Für die vielfältigen wenig angenehmen Begegnungen mit den Soldaten der amerikanischen Siegermacht hatten sich die Männer Zivilkleidung organisiert. Leider verschwand mit ihnen auch Vaters Fahrrad, damals das einzige Verkehrsmittel unserer Familie. Sein Verlust schmerzte, doch die Gewissheit, dass der neue Besitzer es wohl noch nötiger brauchte als wir, tröstete darüber hinweg.

Dreimal haushoch: unsere Linde

Den Humor ließ man sich trotz allem nicht nehmen, wie sich wenig später erwies, als der schneidige Wirtskonrad von Notzenhausen Mutters Küche betrat. Mit seinem Fahrradlenker in der Hand gab er recht an: „Do schaug her, Felbarin, mia kinan's s'Ral ned stehln!" Während er beim Vater in der Schusterwerkstatt saß, nutzte Mutter die günstige Gelegenheit. Als dem Konrad nur noch die Hörner seines Tretochsens geblieben waren, schaute er nachher eher bescheiden aus. Er heiratete die erste Hopfenkönigin der Hallertau und einer seiner Söhne gut vierzig Jahre später Mutters Enkeltochter, somit wurde er Großvater ihrer Urenkel, doch das hat sie nicht mehr erlebt.

Amerikanische Soldaten kontrollierten die Gegend und fanden Gefallen an Mutters Ehering, Großvaters Uhr und einem schönen Wecker. Ein respektheischender uniformierter Riese durchsuchte unsere Kammern, und die vierjährige Rosa ließ sich nicht abhalten, ihm hinterher zu tippeln. Sogar die Flaschen mit rotem „Kracherl" nahmen sie mit. Doch gleich auf dem Hof fanden sie heraus, dass es sich lediglich um Limonade handelte und ließen sie enttäuscht stehen.

Monatelang stand ein beladener Munitionswagen am Waldrand vor Gibitz, seine Reifen hatten sich heimlich davongestohlen. Die Grünberger Buben, außer meinem Bruder noch der Baunschuster Sim, der Blose Konrad, der Hofmann Schoß und der Stiglmoar Dane, machten ihn ausfindig. Sie brachten es fertig, an den so genannten Paks, Panzerabwehrkanonen, die Sprengköpfe vorn auszuheben. So blieben die mit Treibladung gefüllten Rohre übrig, an denen hinten noch ein seidenes „Pulversackl" hing. Jeder packte so viele Pulverrohre wie er konnte unter seine Arme. Sie brauchten sie dringend für solche Gelegenheiten wie den Gang zur mitternächtlichen Christmette und zur Jahresschlussandacht. In den Schnee gesteckt und als Fackel angezündet, brannten sie sogar unterm Schnee noch weiter. Doch als unsere Eltern dahinter kamen, versenkten sie Bruders erbeutete Rohre zwecks Entschärfung im Bach. Nach einem Jahr angelte er die Unverwüstlichen wieder raus: „Da habn's allwei no brennt wia da Deife".

Die Stidls

Gut erinnere ich mich daran, wie wir nach unserer abendlichen Mehlspeise noch lange um den Küchentisch versammelt saßen und aufmerksam lauschten. Der Stidl war Sanitäter an der Front gewesen und schilderte eindrucksvoll die blutigen Geschehnisse. Seine tiefe, angenehm ruhige Stimme meine ich heute noch zu hören. Fiel das Wort „Bauchschuss", war sicher, dass der betroffene junge Mann an Wundbrand hatte sterben müssen. Die Kriegsteilnehmer hatten den tausendfältigen Tod gesehen, die Bilder des Grauens begleiteten sie noch lange.

Auch Herr Schön, der Gemeindesekretär, saß manche Abende an unserem Tisch und erzählte Fronterlebnisse. Vater verwaltete damals die Gemeindekasse und bekam, da wir kein Telefon hatten, durch ihn alle notwendigen Informationen. Montagabends, nachdem er beim Bürgermeister, dem Müller in Hemersdorf, die Schreibarbeiten erledigt hatte, parkte Herr Schön auf der Heimfahrt nach Mainburg sein Schnauferl vor unserem Küchenfenster.

Jeden Kirchweihmontag, wenn die Einnahmen von der Ernte eingegangen sein sollten, mussten alle Gemeindemitglieder ihre Grundsteuer und den obligatorischen Brandversicherungsbeitrag, getreu dem Motto: „Bares ist Wahres", in Mark und Pfennig abliefern. In seiner Funktion als Gemeindekassier führte Vater darüber genauestens Buch. Er verwahrte das eingegangene Geld in einer eisernen Kassette, und die platzierte er in einer Schublade der Schlafzimmerkommode.

Den Flüchtlingen musste er monatlich Lastenausgleich auszahlen. Frau Stark, eine von ihnen, stark aber alt, ging am Stock und hatte dafür den holperigen Weg von Notzenhausen zu uns auf sich zu nehmen. In ihren schwarzen Kleidern saß sie schwer schnaufend auf einem Stuhl, bevor sie sich mit ihrem kärglichen Lebensunterhalt wieder auf den drei Kilometer langen Heimweg begeben konnte.

Amerikanische Soldaten, sogar kohlrabenschwarze, rumpelten mit Jeeps und dröhnenden LKW's über die Dorfstraßen. Bei Manövern wälzten Panzer querfeldein alles nieder, was da wuchs. Irgendwann bekam ich einen Kaugummi geschenkt, der, am Abend sorgfältig verwahrt und am nächsten Tag ein wenig in Zucker getaucht, gleich wieder wie neu schmeckte. Ein Ami hatte mich vom LKW runter nach meinem Namen gefragt. Beim Weiterfahren schwärmte er „Mariiia", und ich schwebte tagelang auf Wolken.

Kurz bevor ich zur Schule kam, machte ich mir Sorgen, überlegte angestrengt und fragte schließlich die Erwachsenen: „Wenns an Kriag gibt, zu wem hält'n do da Papst?" Mutter meinte: „Zu de Kommunist'n eher ned, oiso zu uns". War ich da erleichtert, auf der richtigen Seite zu sein! 1955 hieß es, „des sand ja deitsche Amis", es gab also wieder eine deutsche Armee. In der Zeit des kalten Krieges hörte ich viel vom atomaren Wettrüsten. Von der Kirche empfohlen bekamen wir den Film: „Die Glocken von Nagasaki" zu sehen, der die Vernichtung der japanischen Stadt durch eine amerikanische Atombombe zeigt. Als Filmsaal diente der Tanzboden vom Hopfensperger.

Hart im Nehmen

Zimperlich oder gar wehleidig durfte man früher auf dem Land nicht sein. So leistete sich unsere Mutter schon mehr als ein halbes Jahrhundert, bevor die Reichen und Schönen dieser Mode frönten, ein „Lifting", wenn auch ein sehr schmerzhaftes. Der Erfolg ihrer ausgefeilten Operationstechnik ließ die renommiertesten Schönheitschirurgen alt ausschauen. Dazu kam es, als sie eines Tages auf dem Radl von Mainburg heim strampelte und sich während ihrer rasanten Fahrt ablenken ließ. Fest steht, dass sie beim Brunner in Puttenhausen an einen Lastwagen rauschte. Schauen, ob es niemand gesehen hat, ihr Radl „zammglaum" und, so gut es geht, weiterfahren, das war ihre Art.

Anni erinnert sich daran, wie sie sich daheim ihr blutverschmiertes Gesicht wusch. Dann schaute sie in den Spiegel und war viel weniger beeindruckt als die übrige Familie, holte aus der linken Schublade des Küchenkastens Schere und Leukoplast und pappte sich vor dem Spiegel ihren geschundenen Augendeckel wieder an. Gleich noch ein bisserl höher, als er zuvor saß, und ein kleinwenig schief, womit von da an ihrem Gesicht der Anschein besonderer Aufmerksamkeit anhaftete, waren doch die Oberlider ihrer beiden Augen lädiert. Nur das, an dem sich einmal ein Arzt zu schaffen machte, blieb ein wenig schlaff, das selbstgeflickte hob sich bei weitem besser.

Klar in Führung: Mutters Sohn

Herrn Werner, dem „lebensrettenden Oargackerer", verdanken wir, dass unsere älteste Schwester noch unter uns ist. Anni wurde als junges Mädel hinausgeschickt, um auf dem Straßacker, dem Hopfengarten auf halbem Weg nach Rudelzhausen, hölzerne Hopfenstecken einzuschlagen. An denen band man später den mit einem Spagatschnürl verlängerten Auflaufdraht fest. Sie hatte für ihre Arbeit das schwerste Hackl mitgenommen, „mit dem is am best'n ganga", aber eben nicht nur das Steckeneinschlagen. Ein lumpiger wurmstichiger Hopfenstecken brach ab und die scharfe Schneide des wuchtigen Hackls durchtrennte die Schlagader in Annis Fuß. Es blutete fürchterlich, stoßweise.

Gott sei Dank kam gerade unser Eierhändler auf seinem Radl des Wegs. Der Kriegsversehrte, dem selbst ein Bein fehlte, erfasste augenblicklich die lebensbedrohliche Situation. Er griff sich den Gurt, mit dem seine Eierkiste auf dem Gepäckträger festgezurrt war, und band Annis Fuß fachgerecht ab. Dann lieh er ihr sein Rad zum Heimfahren. Zum Glück erwischte er auch noch den Arzt und konnte ihn hinterherschicken: „Beim Felba? Kenn i scho, do bin i ja dahoam". Doktor Bock aus Au, unser Hausarzt, vernähte daheim auf dem Kanapee Annis Fuß. Eine Betäubung gab es natürlich nicht, doch alles wurde gut, geblieben ist nur eine große Narbe.

Allerlei Viechereien

Jedes Anwesen beherbergte damals neben zahlreichen Familienmitgliedern aus mehreren Generationen noch eine Vielzahl von Tieren verschiedenster Art. Mit ihnen lebend und von früh bis spät mit ihrer Versorgung beschäftigt, dachte niemand an ein freies Wochenende oder gar Urlaub. Dafür war die Arbeit aber auch nicht so eintönig wie heute, wo oft nur ein einsamer Mensch eine große Maschine bedient.

Inmitten jedes Hofes dampfte warm die saftige Miststatt. Deshalb ließen uns im Sommer die lästigen Fliegen keine Ruhe, surrten und brummten in der Küche um unsere Ohren, bis sie endlich am pappigen Fliegenfänger kleben blieben. Uns Kindern brachte der zentrale Hügel, um den sich alle Wege drehten, einen besonderen Vorteil. Vor dem Zubettgehen konnten wir, anstatt im Dunklen zum abgelegenen zugigen und finsteren Häuschen zu tappen, schnell hierhin gehen, wo Mond und Sterne am Himmel hell über uns leuchteten.

Hatten die Rösser eines vorbeifahrenden Fuhrwerks weiche Äpfel fallen gelassen, eilte Mutter mit eiserner Kehrschaufel und Blechkübel hinterher. Von den „Bolln" versprach sie sich eine Aufwertung ihres Gemüse- und Blumengartens. Dort werkelte sie fröhlich singend, ohne die geringste Aussicht, jemals mit ihrer vielen Arbeit fertig zu werden. Erst wenn wir abends von fern das Gebetläuten hörten, machte sie sich auf ins Haus, wo es immer noch genug zu richten gab.

Gegenüber unserem Anwesen stand eine gemauerte Muttergottesgrotte unter dem ausladenden Lindenbaum. In seinem Schatten machte der Schuster von Berg mit seinen Leuten und Arbeitspferden Brotzeit, wenn sie auf der Schusterwiese arbeiteten, die ihm später unser Vater abkaufte. Einmal gingen seine Rösser samt angeschirrtem Wagen durch, rissen an der Grotte und stießen sie um. Sie stürzte zu Boden, doch zum Glück schlug ihr schweres Dach mit dem Kreuz darauf erst hinter ihren Hufen vor dem Wagen auf. „Du Himme Sakra ... wos hab'n i jetzt g'macht, d' Muattagottes zamm'gfohn!", soll der Schuster ausgerufen haben.

Brauchbare Traktoren für den Einsatz im Hopfengarten gab es lange nicht. Auf kleinen Anwesen konnte man sich kein Pferd leisten, da musste der Ochs die ganze Arbeit tun. Es war nicht einfach, ihm beizubringen, dass und wie er seine Kraft für den Menschen sinnvoll

Anni und Georg vor der Muttergottesgrotte

einsetzen sollte. „Hüa, Wist, Hott, Öha und Brr" musste er nicht nur verstehen, sondern auch befolgen. Einer war so bremsenscheu, dass er, obwohl mit dem stinkigem „Bremaöl", einer dunklen, schmierigen Emulsion, die lästige Insekten fernhalten sollte, eingeschmiert, alles Gelernte und Geübte vergaß und abgaloppierte, samt angehängter Hopfenspritze, quer über die Bifenge, die an die Pflanzenstöcke geackerten Hügelreihen.

Mutig versuchte Leni, den handsamen jungen Ochsen zu reiten, mit dem die Geschwister gerne beim Ochsenrennen in Berg teilgenommen hätten. Als er mit einer Kuh vor dem Rübenwagen eingespannt war, kraxelte unser Bruder über die Deichsel auf den Buckel des Zugtieres, das erschrocken gleich samt Reiter, Kuh und Wagen die Böschung hinaufstürmte. Danach erschien es ihnen doch zu riskant. Einmal schickte unser Vater die beiden Geschwister mit einem über den Schellenkönig gelobten, neu erworbenen Ochsen zum Ackern auf den Kuglberg. Der Dickkopf brach ihnen erst links und dann rechts aus, alles gute Zureden half nichts. Verzweifelt schrieen sie ihn an, doch er hatte stets anderes im Sinn und kein Geißelstecken vermochte ihn zu beeindrucken. Schließlich kehrten sie weinend unverrichteter Dinge heim, und auch Vaters Erziehungsversuche zeigten bei ihm keinen Erfolg. Deshalb bekam der hoffnungslos Widerspenstige bald Gelegenheit, sich mit dem Metzger weiter zu unterhalten. Dafür durfte wieder ein Ochsenkalb überleben und Dienst tun, bevor es, recht schwer geworden, schließlich ebenfalls dort landete.

Angehängt war unser Ochs neben der Stallwand in Nachbarschaft der blonden Betty, die sich nichts gefallen ließ. Er soff doppelt so viele Eimer Wasser wie die Kuh, und den Pumpbrunnen im Stall umwickelten wir bei strengem Frost mit Stroh. Am Gang, der von der Hausfletz zum Stall führte, lag das „Ruamkammerl" samt „Ruammaschin", deren Schwungrad ich mit der Hand antrieb. Darin verzwickte Rüben durfte man nur ganz vorsichtig lockern. Vielleicht war ja die Maschine grad scharf darauf, ein saftiges Fingerstück abzureißen; man sah oft Menschen, denen ein solches fehlte.

Das „Gsod" für die Kühe schnitten die Großen im Stadel. Das lange feststehende Messer, mit dem meine Schwestern Heu und Stroh fürs Winterfutter zerkleinerten, war nichts für Kinder. Saftiges Grünfutter schmeckt dem Vieh natürlich besser, doch frischer junger Klee verursacht Blähungen und wir passten gut auf, dass unsere Rinder nicht zu viel davon verschlangen. Eines erwischte dennoch so viel von diesem Leckerbissen, dass sich sein Bauch verdächtig wölbte. Schnell flößten ihm die Eltern eine ekelige ölige Flüssigkeit ein. Hätte das nicht geholfen, so konnten erfahrene, fachkundige Bauern die Kuh noch retten, indem sie durch die dicke Lederhaut in ihren Pansen stachen, damit die Gase entwichen. Von Zeit zu Zeit erschien der Klauenschneider zur Pediküre der Kühe. Wir Mädchen hatte alle nach der Schule einen Melkkurs zu absolvieren.

Im feuchten dunstigen Spätherbst hüteten wir die Rinder auf der von Bach und Gräben umgebenen Schusterwiese. Die Welt außerhalb unserer Insel war vollständig in wabernden grauen Nebelschwaden verschwunden. Um Kälte und Langeweile zu vertreiben, holten wir vom Nachbarfeld Kartoffelkraut für ein heimelig knisterndes, Funken stiebendes Feuer und brieten uns ein paar liegen gebliebene Erdäpfel. Die aus der glühenden Asche geangelten rußigen Knollen zerfielen mürbe in unseren Händen und schmeckten fabelhaft. Einmal beim Heimgehen senkte der Ochs den Kopf zu Boden, stellte seinen Schwanz auf und sprengte hinter Rosa her. Die Angst verlieh ihr Flügel und sie schaffte gerade noch die Haustüre, bevor er ganz aufgeholt hatte. Wusste er, dass sie keinen Stock trug?

Größere Bauern zogen um ihre hofnahen Weideflächen einen Elektrozaun. Die Strom führenden klickernden Drähte tippten wir als Mutprobe mit Fingern und Stecken an, das kitzelnde Zucken war auszuhalten. Da verfielen wir auf die Idee, unsere Spucke darauf seiltanzen zu lassen. Wieder war Rosa der Pechvogel, an deren „Goscherl" ein zäher seidener Faden hängen blieb, sie bekam die „Rache des Speiberlings" deutlich zu spüren.

Um ihre Lebensgeister zu wecken, haben wir neugeborene Kälbchen mit Wasser übergossen, mit Stroh abgerieben und ihrer Mutter zum Abschlecken hingeschoben. Mit dem „Grandlhaferl", das dazu diente, Wasser aus dem Herdgrand zu schöpfen, taufte ich sie mit schönen Namen, während sie ihre ersten wackeligen Gehversuche wagten. Anfangs tranken sie bei ihrer Kuhmutter dottergelbe Biestmilch, die so reichlich floss, dass uns Mutter davon einen „Biestauflauf" buk. Nach einigen Tagen tränkte ich die Kleinen mit Eimer und Schnuller. Freundlich zeigten sie mir, dass es ihnen gut schmeckte, stießen ihren Kopf in den Kübel und schwänzelten kräftig. Erwischten die kleinen Kerle einen meiner Finger, saugten sie sich daran fest. Diese Krausköpfe mit den großen Augen unter anmutig geschwungenen Wimpern musste ich einfach gerne haben. Oft holte sich der Metzger einen meiner Schützlinge, während ich in der Schule schwitzte.

Genauso lieb waren mir kleine Ferkel, doch kaum voneinander zu unterscheiden und deshalb ohne eigenen Namen; dadurch fiel es uns leichter, sie später aufzuessen. Unsere Sauen trotteten bei schönem Wetter fröhlich grunzend über den Hof in den Saugarten, ihren Weg zum Wühlen und Suhlen kannten sie gut. Wenn sie ferkelten, stand ihnen Mutter bei. Unter einem Dutzend gab es öfter ein bis zwei Totgeburten. Von der Muttersau „derlegte" (im Liegen erdrückte) „botscherte" (unbeholfene) Ringelschwänzchenträger betrauerte ich sehr. War der Wurf entwöhnt und zu strammen Spanferkeln herangewachsen, wuchteten unsere Eltern die mit Stroh ausgepolsterte Saukiste auf den Bruckwagen und packten sie da hinein. Vater lenkte den Bulldog zum Markt, und manchmal ließ sich Mutter mit mir neben den Ferkeln auf dem Anhänger bis Mainburg durchrütteln. Auf dem Griesplatz standen die Bauern neben ihren Kisten, aus denen es grunzte, schnatterte und gackerte, Viehhändler gingen durch die Reihen, packten und zerrten Hinterbeine hoch, um zu begutachten, was dazugehörte. Die Schweinchen protestierten lauthals quiekend; so schnell und billig wollte Vater sie nicht hergeben.

Zeitig im Jahr legten die Gänse große dicke Eier, die Mutter aufhob und den Gefiederten, wenn sie mit dem Eierlegen fertig waren, zum Ausbrüten unterschob, so schlüpften später alle Ganserl etwa zur gleichen Zeit. Manchmal überlistete sie eine Gans, ihr Nest zu verlassen, hielt eines der Eier an mein Ohr und ich hörte das ungeborene Küken an die Schale klopfen. Durch feine Risse war dann sogar ihr leises Piepsen zu vernehmen. Hatten sie es geschafft, sich herauszupicken, räumte ich Holz und Briketts aus dem Herdkasten. Dort durften die kleinen, flaumiggelben Ganserl einziehen und uns in der Wohnküche Gesellschaft leisten. Sie sangen: „Wi wi wi" und schmiegten sich schlummernd aneinander. Ich schielte gern zu meinen kleinen Schnabeltieren hinein. Waren sie schon munter, zog ich die

Herdschublade ein Stück heraus, erzählte ihnen was, und sie reckten ihren Kopf nach vorne, um mich mit wispernden Lauten zu begrüßen. Gänseküken sind sehr empfindlich und anfällig, deshalb pflückte ich für sie frische Brennnesselspitzen. Gehackt, mit Mehl bestäubt und mit hart gekochtem Eigelb vermischt dienten sie als Futter. Waren die goldgelben Wuzerl ein Stück gewachsen, zogen sie in einen Verschlag im Stall und watschelten mir entgegen. Bald durfte ich die aufgeregt umherwuselnde Kinderschar draußen hüten und Gras rupfen lassen. Unser Gänserich wackelte bedächtig voran und passte gut auf sein Gefolge auf. Doch sobald ich mich näherte, streckte er mir zänkisch seinen langen Hals entgegen und fauchte mich wütend an. Bei Missachtung konnte er mit seinem harten Schnabel hundsgemein zwicken, und zwar mit Vorliebe kleine Mädchen wie mich, die den Po noch weiter unten haben. Hielt ich einen Stock in der Hand, hat er mich aber schon respektiert.

Bei meiner Schwester in Wolfertshausen legte eine Ente ein Ei um das andere, sie hatte schon ein ganzes Nest voll, und dachte immer noch nicht daran, sich endlich zum Ausbrüten draufzusetzen. Zur gleichen Zeit wollte ein Huhn nicht mehr, wie gewohnt, auf dem Hof rumscharren; es beanspruchte ein Nest für sich allein im Hühnerstall und blieb eisern darauf hocken. Nichts lag näher, als dieser Glucke die frierenden Enteneier unterzuschieben. Sie machte ihre Sache ordentlich und blieb brav vier Wochen lang auf den dicken Eiern sitzen, bis der Entennachwuchs endlich ans Licht drängte. Für ihre eigenen Kinder hätte sie nämlich nur drei Wochen ausharren müssen.

Nachdem ihre Eier so sicher untergebracht waren, bildete sich plötzlich auch die Ente ein, brüten zu wollen. Vom fleißigen Gockel befruchtete Hühnereier gab es genug, also bekam sie solche unter ihren warmen Bauch geschoben. Nach ein paar Wochen führten die beiden gefiederten Mütter gleichzeitig ihren ungewöhnlichen Nachwuchs fürsorglich und nicht ohne Stolz auf dem Hof spazieren. Die Erwachsenen freuten sich fast ebenso wie die

Kinder über diesen Bruterfolg. Bis eines Tages die Ente, wie sie es aus ihrer Jugendzeit gewohnt war, im dafür bereitgestellten, Wasser gefüllten „Saubodn" (einem Keramiktrog, wie man ihn zum Schweinefüttern verwendet) ein erfrischendes Bad nahm und eines der Hühnerküken flugs der Mama hinterher hüpfte und - ertrank. Meine Nichte Beate vergoss bittere Tränen über den tragischen Tod ihres „Singerls". Nach dieser traurigen Erfahrung wurde das Planschbecken der Enten schnellstens geleert, und alle übrigen Adoptivkinder wuchsen fröhlich heran. „Des kimmt davo, wenn ma ned woaß, wo ma herkimmt und wo ma hi g'hört" ...

Manchmal versteckte sich eine Henne samt ihren Eiern still und heimlich im Stadel, um uns nach ein paar Wochen triumphierend eine kunterbunte Schar „Singerl" zu präsentieren. Doch normalerweise kauften wir Tagesküken; winzige „Gickerl" bekamen wir geschenkt dazu. Heute enden diese, kaum auf die Welt gekommen, in einem Fleischwolf. Ihr Verhängnis: sie gehören der Legehuhnrasse an, die nicht so schnell zum Brathähnchen heranwächst wie die extra dafür gezüchteten Masthühner. Bei uns verbrachten die Flaumbällchen ihre ersten Tage im Herdkasten, später durften sie sich unter eine Wärmelampe kuscheln.

Am Ostertag in der Früh, so hieß es, müsse man dem Gockel die Füße waschen, dann würde er rote Eier legen. Doch alle meine einschlägigen Versuche verliefen ergebnislos, was damit zu tun haben könnte, dass ich es hierbei an Sorgfalt, Ernsthaftigkeit und festem Glauben mangeln ließ. Unserem Großvater hat es gar nicht gepasst, wenn der Hahn eine Henne ducken wollte und ihr mit vorgestrecktem Hals nachrannte. Obwohl er ihn zur Strafe für diese unsittlichen Gelüste immer ordentlich schimpfte, ließ der stolze Hühnerherr von seinem Vorhaben nie ab und bekam deshalb Großvaters Hut hinterher geschmettert.

Wir beglückten unsere Hühner mit Maikäfern. Als es in einem Jahr furchtbar viele davon gab, sammelten wir sie von Weidenbäumen und transportierten unsere Beute in der Dose fürs

Radlflickzeug heim. Auch Kartoffelkäfer gab es manchmal in so rauen Mengen, dass alle Schulkinder sie in Büchsen sammeln mussten.

Über der Straße unterm Blätterdach des Lindenbaumes, wo kein Regentopfen die trockene Erde erreichte, scharrten sich unsere Hühner Mulden, genossen darin ihre Staubbäder und plusterten sich flügelschlagend auf. Doch ausgerechnet dann, wenn ein Fahrzeug anrollte, wollten einige von ihnen über die Straße in den Hof zurück. Manche schafften das nicht mit heiler Haut. Um ihre Qualen zu beenden, musste ich sie schlachten, wenn ich Haus und Hof hütete.

Ein tolles Huhn wagte sich in Lumpis Hütte und legte darin ein Ei, doch unser friedlicher rotblonder Hund wusste mit beiden nichts rechtes anzufangen. Lange Jahre lag er als aufmerksamer Hofwächter an der Kette, und neben seiner Behausung saß Vater auf der Rampe zum Stadel beim Dengeln der Sense. Sogar über solch Krach machende Besuche freute sich unser guter Kamerad noch dankbar. Viel öfter hätte ich ihn streicheln und mit ihm rennen sollen, das machte uns beiden so viel Spaß! Manchmal durfte er mit aufs Feld laufen. Als er schon älter war, geriet er auf dem Kleeacker in den Mähbalken des Traktors, der ihm beide Vorderbeine abtrennte. Da musste Vater unseren treuen Freund schweren Herzens töten.

Lumpi Langohr

Die Katzen leisteten uns, wohlig vor sich hindösend, bei Kälte im Haus Gesellschaft. Stolz präsentierten die Mäusejäger ihre Beute und warteten zur Melkzeit brav schnurrend auf eine Zukost. Fast alle ihre Kinder wurden getötet, sobald man sie fand. Traurig, wenn ich daran denke, wie lustig sich die Kleinen mit den Samtpfötchen ihres Lebens freuen, sofern sie es behalten dürfen. Sie tollen und toben, stupsen sich gegenseitig mit den Tatzen und wedeln aufgeregt mit dem Schwänzchen. Undenkbar war damals, eine Katze sterilisieren zu lassen. Als eine besonders liebe Mieze ausgerechnet einen frechen Sohn behielt, hörte dieser faule große Lackl nie auf, sich an seiner zierlichen Mutter satt zu saugen, die ihm schließlich auch noch entsetzlich zitternde arme Mäuschen zutrug. Ein paar Mal im Jahr strich ein verwilderter, scheuer großer roter Angorakater um Mutters Beine. Er war eine echte Schönheit und schlug sich bei uns seinen leeren Bauch voll. Wir dachten, das sei unser Prachtpelz, doch es kann gut sein, dass er auch andere Koststellen aufsuchte. Eines Tages präsentierte ein Jäger der beim Wirt in Kirchdorf versammelten Schafkopfrunde den buschigen Schwanz unseres vierpfötigen Rumtreibers.

Wie freuten wir uns im Frühjahr, wenn die Schwalben aus ihrem Winterquartier in Afrika wieder zu uns gefunden hatten! Zweimal jeden Sommer brüteten die Schwarzbefrackten am Kuhstallbalken ein Nest voll Nachwuchs aus. Beide Eltern flogen dann unermüdlich hin und her, um die vielen sperrangelweit aufgerissenen, gelb gesäumten Schnäbel zu stopfen. Einmal bauten sie auch in unserem Hausgang ein Nest, womit sie uns zwangen, ständig das Oberlicht offen zu halten. Segelten sie auf Insektenfang dicht über unserem Misthaufen dahin, war mit schlechtem Wetter zu rechnen.

Unsere kleinsten Nutztiere wohnten im Bienenhaus. Beim Heumachen schützten wir uns dort, vor allem bei schwüler Witterung, mit einer Imkerhaube, deren Schleier unsere sonnenverbrannten Schultern bedeckte. Leni geriet nach einem

Bienenstich in einen Schockzustand, lag auf dem Kanapee und glaubte schon, ihr Ende sei nah. Zum Glück ging es ihr eine knappe halbe Stunde später wieder gut. Ihre Empfindlichkeit blieb uns rätselhaft; das „Angeln" oder Stechen waren wir alle gewohnt und ertrugen es mit Fassung, denn wir wussten von unseren Eltern, dass es ein vortreffliches Mittel gegen jede Art von Rheuma und Gicht ist. Heute nutzt man es sogar als Therapie, um körpereigene Heilungsprozesse anzuregen.

Auf dem schummrigen Spitzboden entdeckte ich vom Großvater angebaute getrocknete Tabakstauden zum Stopfen der großen durchlöcherten Imkerpfeife, die wie ein kleiner Ofen samt Ofenrohr aussah. Schmauchte man sie fleißig, wurde man weniger oft „geangelt" beim Versorgen der Bienen. „A Imp geht oba", verkündete ich dem Vater, sobald ich einen heranbrausenden Schwarm bemerkte, der einen Platz zum Niederlassen suchte. Die Königin eines Volkes hatte, zugunsten einer Nachfolgerin, mit einem Teil des Gefolges ihren Stock verlassen. Auf der Leiter stehend strich Vater mit dem Flederwisch die wuselige, schwarz glitzernde Traube vom Apfelbaumast in den geflochtenen Strohkorb.

Ebenfalls noch vom Großvater stammte die Wabenpresse, mit der Vater auch für andere Imker die zerbrechlichen dünnen Waben goss. Dabei hob er seine beiden Füße vom Küchenboden, um so sein gesamtes Gewicht auf die Presse zu stemmen. Opa hatte einmal versäumt, sie vorher zu spülen und fluchte nicht schlecht, als er tagelang fieseln musste, um das verklebte Wachs aus den kleinen Sechsecken heraus zu kratzen.

Vater durchzog Holzrähmchen mit Imkerdraht, legte die Waben darauf und schweißte sie fest mit dem erwärmten Imkerrädchen, das einem Teigrädchen ähnelt. Arbeitsbienen bauen im Stock die wächsernen Sechsecke aus, füllen die entstandenen Röhren mit Honig und verschließen die vollen Waben ebenfalls mit Wachs. Vor dem Ausschleudern des Honigs deckelte Mutter die Waben ab mit der Honigkelle, die sie immer wieder in heißes Wasser tauchte. Diese kleine Kelle ist wie eine Maurerkelle geformt und mit scharfen Metallzinken bewehrt. Das honigsüße abgedeckelte Wachs zuzelten wir Kinder gerne aus und zerbissen es wie Kaugummi. Die Schleuder mit den eingehängten schweren Waben musste ich zuerst vorsichtig langsam und dann immer schneller andrehen. Dann lief der goldbraune Honig über den Seiher, der Wachsreste zurückhielt, in einen Eimer. Das feine Aroma des frischen Honigs lockte auch Nachbarskinder ins Haus, die sich alle nach dem Verzehr tropfender Honigbrote ihre pappigsüßen Finger ableckten.

Aufgedeichselt: Geschwister und Flüchtlingskinder

Die leeren Waben schmolzen unsere Eltern in einem Topf auf dem warmen Herd. „Wachs auslassen" sagten sie dazu. Aus dem sauberen Teil goss Vater neue Waben, verunreinigtes Wachs, zum Beispiel mit Honigresten, stellte er in einer Schüssel vor das Bienenhaus. Die klugen fleißigen Bienen verwerteten es vollständig zum Wabenausbau. Als Ersatz für den geraubten Honig bekamen die Sammlerinnen im Spätherbst Zuckersirup, den Mutter auf dem Herd anrührte. Zum Füttern trug ich oft und gerne mit Vater den schwappenden vollen Kessel zum „Impnhaus" und leuchtete mit der Kerze. Wie geschickt er die mit Sirup gefüllten

Glasballons umstülpte und im Bienenstock auf den Kopf stellte, habe ich immer bewundert. Zu alledem brauchte man viel Zeit, die man sich meist am Sonntagnachmittag nahm.

Der Arbeitstag begann des Sommers früh, um fünf Uhr waren alle auf den Beinen. Dafür durfte man untertags schon mal bei einer Unterhaltung mit Nachbarn verschnaufen oder sich voller Hingabe einer weniger lohnenden Tätigkeit widmen. Eine Unterscheidung von Arbeits- und Freizeit kannte man nicht, die Hände hatten immer zu tun, ganz fertig wurde man nie. Die Menschen hetzten weder sich selbst noch andere, dadurch lebten sie wohl auch gesünder und zufriedener als heute.

Mehr als unser tägliches Brot

Anni schwärmt noch immer vom Kaffee, gekocht aus Gerstenkörnern, die sie im Backofen geröstet und in der Kaffeemühle gemahlen hatten. Unser Vater musste am Morgen seine Frühsuppe haben. Gab es keine, machte er sie selbst, indem er Brot in eine Schüssel schnippelte, heiße Milch darüber goss und ordentlich salzte und pfefferte. Auf Mutters Brotsuppe waren wir alle versessen: fein geschnittenes Brot, Brühe oder heißes Wasser, gesalzen, gepfeffert und zur Krönung am Tisch zischend aufgeschmalzt mit reichlich gebräunten Zwiebeln. Zu diesem nahrhaften Schmaus ließen wir uns auch noch im Backofen gebratene Erdäpfel schmecken.

Genauso selbstverständlich, wie wir vor und nach der Mahlzeit gemeinsam beteten, (der Großvater kniete sich dafür sogar auf den Bretterboden vor dem Herrgottswinkel,) ritzten wir drei Kreuze auf den Brotlaib, bevor wir ihn anschnitten. Uns war bewusst, von der Gnade Gottes zu leben, und die Sicherung unseres Lebensunterhalts kostete viel Mühe und Sorgfalt im Umgang mit den Gaben der Erde. Einige unserer Felder waren so klein oder am Hang gelegen, dass wir sie auch dann von Hand bearbeiten mussten, als es bereits den Traktor gab. Vater hing sich den Schultergurt der Säschale mit dem gebeizten Saatgut aus der Vorjahresernte um und verstand es noch, von Hand so gleichmäßig wie mit der Maschine zu säen.

Zur althergebrachten Zeremonie der österlichen Felderweihe steckte Vater in die Mitte unseres Brotackers ein Kreuz, geschnitzt aus dem am Osterfeuer angebrannten Palmbuschstecken und goss Weihwasser dazu. In die Ecken setzten meine Geschwister, wie auf die übrigen Felder auch, Kreuzchen aus Palmkätzchen- und Sengbaumzweigen von der Palmsonntagsweihe. Die Schalen der roten Eier aus der Speiseweihe durfte ich darauf streuen, und Vater sprengte wieder geweihtes Wasser aus seinem Deckelbierkrug darüber. Oft zeigten mir die Großen auf unserem gemeinschaftlichen Gang einen Osterhasen, der sich zu meiner großen Enttäuschung jedes Mal als gemeiner Feldhase entpuppte. Immer wieder begegneten wir dabei unseren Feldnachbarn; es hieß, wer bei diesem Rundgang als Erster dran sei, der würde das später auch bei der Ernte sein. Gleich nach dem Gottesdienst ließen wir uns die geweihten Speisen schmecken, die Eierschalen brauchten wir doch dringend für die Felderweihe. Außerdem hatten wir uns schon lange gefreut auf das selbstgebackene Biskuitlämmchen und das Geselchte mit dem frischen Kren. Von dem geweihten Brot durfte auch unser Vieh ein wenig fressen. Geweihtes Salz hoben wir auf; erkrankte während des Jahres ein Tier, ließen wir es davon schlecken.

Bevor später auf den Äckern das Unkraut überhand nahm, haben wir Mädels „g'heilt" und Disteln gestochen, und das am liebsten barfuß nach einem warmen Mairegen. Kornblumenblau und mohnrot blühten die Felder im Sommer. Zum Mähen gingen Vater und Bruder am frühen Morgen, denn solange Tau liegt, geht das am besten. Für das Schärfen der Sense trugen sie am Hosenbund den wassergefüllten Kumpf samt Wetzstein bei sich. Sie mähten mit schönem Schwung zügig hintereinander und beim Getreidemähen gingen die Frauen mit der Sichel nebenher zum „Wegrichten". Danach banden sie das Getreide mit einem Bündel Halmen zu „Baischen", die ich zusammen trug, bevor wir gemeinsam hübsche „Manndln" aufstellten.

Beim Einbringen der Ernte hielten Vater und Schwestern an schlechten, abschüssigen Wegstrecken und um Kurven herum die hohe Wagenladung mit Gabeln an, damit sie nicht vom Wagen rutschte. Das Heu auf dem Bruckwagen sicherte die große Schwester zuoberst mit dem Wiesbaum, den sie vorne und hinten mit dem „Heiseil" umschlang, dessen Enden Vater am Wagen festzurrte. Auf eisenbereiften Rädern, die besonders leicht einsanken, fuhr auch noch unser Mistwagen.

Obenauf ist's am schönsten

Wurde später gedroschen, stand vor unserem Stadel ein Motor, der an die Starkstromleitung angeschlossen war und über einen breiten Lederriemen den Dreschwagen antrieb. Ich Dreikäsehoch musste unbedingt Strohhalme aus dem Motorkasten angeln, als die Großen bei der Brotzeit saßen. Kaum hatte ich mich ans Werk gemacht, warf es mich schlagartig mit meinem Schraubenzieher in der Hand zu Boden. Doch da dem Blitzschlag aus dem Motorkasten unweigerlich ein elterliches Donnerwetter gefolgt wäre, hieß es, sich schnell hoch zu rappeln, durch den Kuhstall in die Kammer zu schleichen und im Bett zu verkriechen, bis das Zittern nachließ. Keiner hatte es bemerkt.

Vater fuhr das ausgedroschene Brotgetreide Weizen und Roggen, den wir einfach Korn nannten, zur Furthmühle. Während der

Lebensmittelrationierung musste man Mahlmarken von der Zuteilungsstelle vorlegen, außerdem zahlte man Mahllohn und hinterließ möglichst eine Naturalabgabe; wir bekamen Schrot für das Vieh und Mehl für uns. Mutter brauchte es täglich, um damit große Schüsseln Knödelteig anzumachen, vor Anstrengung schnaufend dicke Klumpen Hefeteig abzuschlagen oder Pfannkuchenteig zu rühren, in den sie im Frühling Holunderblüten für die duftigen „Hollerkiachl" tauchte. Mehrere Zentner Mehl brachten wir zum Bäcker, von ihm gab es Blechmarken, gegen die wir das ganze Jahr über unser Brot eintauschten. Anni und Georg zogen als Knirpse immer ein großes Handwagl nach Tegernbach, um beim Anneser ein Tragl „Kracherl" und beim Bäcker ein halbes Dutzend Brotlaibe aufzuladen. Die geschenkte Semmel verputzten sie gleich und vom unwiderstehlich duftenden warmen Brot rissen sie sich auf dem Heimweg noch ein Scherzl ab.

Feudale Fahrt im Zweispänner

Unser Obst und Gemüse bauten wir um das Haus herum an. Für den Winter lagerten wir im Keller Äpfel, Endivienstauden, gelbe und rote Rüben, Weiß- und Blaukraut, Wirsingköpfe, Sellerie und Kartoffeln ein. Gerne stieg ich auf den trockenen Dachboden, wo mich eine einmalige Mischung von Gerüchen empfing, rings um die rußige Selch, in der zu kühleren Jahreszeiten Blut- und Leberwürste und „G'selchterlinge" hingen. Hier baumelten unsere Zwiebeln, an Schnüren aufgefädelte, getrocknete Apfelscheiben, Kletzn und Stoffsäcke voll duftender Lindenblüten. Auch die vertrockneten geweihten Kräuterbuschen mit dem stattlichen „Himmebrand", den Getreideähren, dem Hopfenzweig und den schönsten Blumen aus Mutters Garten, verwahrten wir dort jahrelang. Versonnen betrachtete ich sie und fand heraus, in welcher Reihenfolge ich sie einmal am Himmelfahrtstag in unsere Kirche mit der schönen Madonna an der Frauenseite und dem Himmelfahrtsaltar getragen hatte. Eine Stiege tiefer, auf dem Boden unterm Dachgebälk, im „O'seitl", wo ich mich ebenfalls gerne verkroch, lagerten Blecheimer mit kandiertem Honig neben geheimnisvoll nutzlosen Utensilien, die wir sorgfältig aufhoben und deren ursprüngliche Bestimmung mir ein Rätsel blieb. In einer Holztruhe mit uralten Kleidern, unserer Lumpenkiste wühlend, förderte ich brauchbare Schätze ans Tageslicht.

Die dicksten Weißkrautköpfe zogen wir auf dem Rübenacker heran. Im Herbst, zum Krauteinmachen, breitete Mutter ein frisches Leintuch auf den frisch geschrubbten Küchenboden, wo normalerweise der Tisch stand, und Vater hobelte darauf einen Riesenkrautberg. Auf einem Holzrost im Keller stand der Krautzuber, in den Mutter schüsselweise Kraut einfüllte und dazwischen immer wieder eine Handvoll Salz streute. Ich bürstete meine Füße ordentlich sauber und trat es mit gelupftem Rock ein. Dabei stampfte ich so fest, dass der Saft zwischen den Zehen rausspritzte. Beim Aumerbauern grauste es der fülligen blonden Dirn vor den Füßen des hageren Hofherrn, also lieh sie ihm ihre sauberen Perlonstrümpfe fürs Eintreten. In der salzigen Lake hellten die sich verdächtig auf, wohin die Strumpffarbe entschwunden war, konnten sie sich denken. Das Kraut langte ihnen danach länger als sonst.

Die kleine Aumerbäuerin mit Großmutter, Vater und Geschwistern

Zeitig blühten im Frühjahr am Ranken des Selmerbergs zu beiden Seiten des Weges wohlriechende Veilchen und Gänseblümchen, später leuchteten dort Riesenboviste, von Mutter „Wiesenschamperl" genannt, bis zu uns hinüber. Wir durften sie holen zur willkommenen Abwechslung unseres Speiseplans. Hofbirnen gab es beim Selmer in solcher Fülle, dass damit nicht einmal die Schweine im Garten fertig wurden. Von drei riesigen Bäumen plumpsten die saftigen Früchte auf die Erde, bedeckten in weitem Umkreis den Boden und freche Wespen führten einen Freudentanz darauf aus. Wir sollten aufklauben, soviel wir nur brauchen könnten, und wir konnten viel brauchen. Eingeweckt in Zweilitergläsern krönten sie Mutters Kleiderkasten und ergaben einen begehrten „Eidauch" zu Rohr-, Schmalz- und Dampfnudeln. In Begleitung von „Hollerbirln" und der Kochmutter abgekauften Zwetschgen bereiteten wir „Dreierleimamalad" daraus zu. Waren die Birnen am

Ende weich und teigig, ließen sie sich immer noch in der Ofenröhre trocken schrumpeln zu süßen Kletzn für den Winter.

Um sich interessant zu machen, verkündeten meine Schwestern, sie gingen zum „Birnstehlen". Fasste man die Zipfel hoch, passte in ein Trägerschürzl eine Menge rein und solchermaßen beladen mussten sie den steilen Abhang überwinden. Christa, die Kleinste, kam mit ihrer Last ins Straucheln, kugelte den Berg runter und brach sich den Arm. „Nur nix auslassen", so hielt sie ihre Beute fest und ihr kaputter Arm musste noch aushalten, bis sie die heimgeschleppt hatte. Wobei ihr die an einem Stein aufgeschlagene Kinnlade viel mehr wehtat. Im Krankenhaus machte sie nachher mit ihren Leidensgenossinnen soviel Blödsinn, dass sie aus dem Bett fiel und sich denselben Arm gleich ein zweites Mal brach.

An sommerlichen Sonntagnachmittagen spazierte Mutter mit uns zum Kuglberg. Schnell hatten wir abgewaschen und uns erwartungsfroh mit Emailletassen ausgerüstet. An der hohen Wegböschung und im Wäldchen sammelten wir köstliche Walderdbeeren und schnüffelten begierig am Tassenrand. Gezuckert und verfeinert mit frischer Milch wurden sie erst daheim mit Bedacht vernascht. Gelegentlich krönten wir diese Schlemmerei noch mit ein wenig Rahm, den Mutter in irdenen Weidlingen fürs Ausbuttern aufgespart hatte.

Jeden Abend mussten wir die Fallklappe des „Hühnerlochs" über der Hühnerleiter sorgfältig verriegeln, denn vor dem Mischwäldchen lag ein großer, stattlicher Fuchsbau. Mit langen Rechen bewehrt gingen wir daran vorbei, die quirligen Pelzkinder beäugten uns zwar neugierig, ließen sich aber nicht weiter bei ihren ausgelassenen Rangeleien stören. Ich fragte mich, warum die Fuchsmutter den Leichtsinn ihrer Welpen duldete.

Im Herbst fanden wir in der Nähe Birkenpilze, die Mutter gut kannte, und wir schwelgten in Schwammerln mit Rahmsoße und Knödeln. Ab dem Schulalter durchstreifte ich selbständig auf der Suche nach Beeren und Pilzen diese Gehölze. Still in meine Gedanken versunken bemerkte ich Fasane und Rebhühner erst spät. Fuhren sie dann keckernd mit lautem Flügelschlag hoch, bekam ich einen gewaltigen Schrecken. Auch Christa hat sich ein paar Mal am Waldrand erschrocken - allerdings über einen alten Mann vom Nachbardorf. Der war klein, trug einen langen grauen Bart und sah aus wie ein Zwerg. Er entledigte sich im Wald der überflüssigen Kleider, um seine delikatesten Körperteile Licht und Luft atmen zu lassen. Einmal stellte er sich so im Forst vor die Großgundertshausener Pfarrersköchin hin, damit sie auch sehen konnte, wie selten gut er beieinander war. Doch die fromme Frau verstand keinen Spaß und zeigte ihn an.

Etliche Jahre pflückten wir im Herbst von dornigen Heckenrosenbüschen Hagebutten, die Mutter für Wein ansetzte. Der Glasballon fand in einer Ecke unserer kleinen Wohnküche Platz und sah hübsch aus mit den sich drängenden roten Früchten und Luftbläschen, die im verschlungenen Glasrohr hochstiegen. Als uns an Silvester Nachbars Berta besuchte, testeten wir Mutters edles Getränk, sangen, lachten und kugelten auf dem Boden rum, bis wir friedlich ins Neue Jahr schlummerten.

Wir lebten nicht vom Brot allein, und das Schwein ahnte nichts Gutes, wenn wir es mit dem Strick ums Bein aus dem Stall zogen. Es quiekte entsprechend und ich scheute mich nicht, dabei sein Schwanzl festzuhalten. Zur Betäubung bekam es mit der stumpfen Axt einen schweren Schlag auf den Schädel, und während ihm Vater den gezielten Messerstich in die Kehle verpasste, hielt Mutter eine Schüssel darunter. Die Tiere mussten ausbluten, ihr Blut kräftig geschlagen werden, damit es nicht gerann. Einmal rührte Christa erfolglos mit dem Kochlöffel den körperwarmen Saft; ihn mit den Fingern durchzuschlagen war ihr so zuwider, dass sie weiß wurde und fast umgekippt wäre. Da schob sie der Vater zur Seite und quirlte selber. Das Schwein wurde im Sautrog gewaschen und mit Saupech eingerieben, damit seine Borsten verklebten. Vater und Bruder überbrühten es mit heißem Wasser und zogen, zu beiden Seiten des Trogs stehend, eine Kette unter dem Körper hin und her. Verbliebene Borsten, vor allem die der „Haxn", schabten sie mit dem Kumpf oder einer Sauglocke ab. Der Schweinskopf aber bedurfte einer ebenso säuberlichen Rasur wie das Schwanzl. Danach hingen sie das Tier an den Hinterfüßen auf, spalteten es fachgerecht und nahmen es aus. Mit viel heißem Wasser putzte und spülte Vater sorgfältig den Darm für die Wursthaut und blies ihn durch. Der Fleischbeschauer legte Proben von Fleisch und Innereien unters Mikroskop auf der Suche nach Trichinen, es gab keine Beanstandungen.

Gleich nach dem Krieg hatte Mutter so viele hungrige Mäuler zu stopfen wie sonst nie. Weil man nicht nach Bedarf schlachten durfte, konnte es passieren, dass ein Schwein unabsichtlich ins Messer lief und umfiel. Als die gesellige kleine Christa einmal mit der gesäuberten, Luft gefüllten Schweinsblase spielte und der allgemeinen Freude Ausdruck verlieh: „Mir ham a Sau obstocha, i hob a Saublodan...!" - ausgerechnet da kam ein Gendarm, um mit Vater eine Gemeindesache zu besprechen, doch der verständnisvolle Mann übersah und überhörte das jubelnde Kind.

In der „Britsuppe", der Brühe im großen Wurstkessel, garten Blut- und Leberwürste und frisches Kesselfleisch. Mutter half mit Wurstpaketen die magere Kost von Postboten, Tagwerkern und Stadtverwandtschaft aufzubessern. Alle Schweine trugen damals noch eine dicke Speckschicht unter der Schwarte, die wir vollständig verputzten; ihre Grieben prasselten im breiten Tiegel beim „Fettauslassen". Das Fleisch hat Mutter im Keller eingesurt, geselcht, in Dosen eingekocht und Nachbarn abgegeben, die uns bei ihrer nächsten Schlachtung dafür entschädigten. Erst in den 50er Jahren gab es in Hebrontshausen die ersten Tiefkühltruhen in einem extra dafür gebauten Gemeinschaftshaus. Kurze Zeit später brummte in jedem Haus ein solches Gerät und man wollte nie wieder darauf verzichten. Eisschränke leistete man sich erst später, der kühle Keller erfüllte denselben Zweck.

An Sonntagen briet uns Mutter oft einen Gickerl, die schmackhafte Semmelfülle machte ihn ergiebiger, und wir benagten sogar Kopf und „Latschn". Vater schnitt und teilte den Braten am Tisch auf. Vor Kirchweih und Weihnachten hat Mutter „a Gans obdo". Für das süß-sauere Gansjung legte sie Flügel, Füße, Kopf, Hals und Magen in eine Essigbeize und gab Blut in die Soße. Das bekamen wir am Vortag und es sah so dunkel aus, dass ich lieber nur Knödel aß.

Es war 1946, als Kinder, Patin und Eltern zur Firmung nach Au radelten. Hoffnungsfroh reihten sich die Firmlinge Anni und Georg in die Schlange ein, die vor dem Cafe Zintl um Eis anstand; doch sie hatten vergeblich gewartet, es langte nicht für alle. Dafür beschenkte sie die schmächtige Tante Traudl als Patin so reich, dass Vater beim Auspacken des Rucksacks feuchte Augen bekam. Sie war Störnäherin, das heißt, sie ging zur Arbeit in die Häuser, wie es zu früherer Zeit auch Sitte war, dass Schuster und für das Pferdegeschirr zuständige Sattler mit ihrem Werkzeug auf die Höfe kamen.

Die Hagmüllers nach der Sonntagsmesse, fesch behütet

Wurde geheiratet, kam der Hochzeitslader ins Haus, sagte sein Sprücherl auf und nahm gleich die Zusage zur Feier entgegen. Mit Kreide zeichnete er einen Zweig auf den Türstock unserer Wohnstube, schrieb dazu die Initialen des Paares, den Hochzeitstag und den fälligen Betrag fürs Mahlgeld. Für zehn Mark gab es etliche Bierzeichen, damit keiner im Trockenen zu sitzen brauchte, mittags und abends mehrerlei Braten mit Beilagen und zwischendurch Torten und Kaffee. Von allem wurde so reichlich aufgetragen, dass die Hochzeitgeher für die Daheimgebliebenen noch Fleisch und Kuchen in Pergamentpapier eingewickelt mitbekamen.

Zu unserer Versorgung mussten wir nur wenige Dinge beim Kramer holen. Als Mutter einmal per Fahrrad in Tegernbach einkaufte, meinten meine Geschwister, es wäre Zeit zum Kochen. Sie knackten die Zweige von den fetten „Fleißigen Lieserln" am Fensterbrett und schnipselten davon gleich eine große Salatschüssel voll, weil die so saftig schön schnalzten. Gut, dass Mutter noch heimkam, bevor sie ihren „Salat" anmachen und verspeisen konnten, sonst hätten sich alle vergiftet.

Gerne erinnere ich mich meiner Einkäufe. Nach dem Gebimmel der Ladenglocke schlurfte der Kramer, einen dicken Bleistift hinters Ohr geklemmt, in Pantoffeln aus der angrenzenden Küche. Wunschgemäß schaufelte er aus einem Schubkasten Salz in eine Papiertüte, die dem Pfundstück auf der Waage gegenüberstand, und angelte aus der Stellage eine in rotsilbernes Glanzpapier eingewickelte Zichoriestange. Dann bückte er sich nach einer Büchse Bohnerwachs mit Propeller zum Aufdrehen und der Schachtel Bleichsoda, bevor er auf seinem kleinen Reklameblock alle Preise laut zusammenzählte. Nachdem er meine Münzen in die Geldschublade sortiert hatte, griff er noch in ein dickbauchiges Deckelglas und legte eine pappige Pfefferminzkugel in meine Hand. Das scharfe „Guatl" im Mund, hüpfte ich mit gefülltem Einkaufsnetz davon.

Unsere Mutter brachte es kaum übers Herz, Hausierern zu sagen, dass sie gerade keine Sicherheitsnadeln, Schnürbandel, Zopfspangerl oder Heftpflaster aus ihrem Bauchladen kaufen konnte. Lieber versteckte sie sich und wir sollten sie verleugnen, doch der Vater verriet uns. Gern gesehen war das „Krehweiberl", es zog mit einem großen Korb auf dem Rücken übers Land und bot die besten Kräuter und Gewürze an, begehrt vor allem zum „Wursten".

Handwerksburschen sagten wir zu den zottigen, bärtigen Bettelmännern, die ihre Runden von Dorf zu Dorf und von Hof zu Hof gingen. Sie wechselten ihr Gewand das ganze Jahr nicht, bekamen ein Zehnerl oder etwas zu Essen und entschwanden samt ihrer Duftwolke. Einmal kam einer, als mein kleiner Bruder allein in der Stube war. Als er sah, dass Mutter nicht da war, schob er den Bub zur Seite, ging in die Speisekammer und bediente sich. Doch Georg holte den Vater aus der Schusterwerkstatt, der packte den Eindringling am „Schlawittl" und zeigte ihm, wo es hinausging.

Zu entsorgen blieb nichts, wir verwerteten alles: Kartoffelschalen vertilgten die Schweine, Knochen zernagte unser Hund, Papier fraß der Ofen, Kleidung, die nicht mehr zu flicken war, diente als Putzlumpen. Plastik hatten wir noch nicht, und rostige Metallteile sammelten wir für den Alteisenhändler, der jedes Jahr vorbeikam und dafür ein wenig Kleingeld zahlte.

Bescherungen unseres Hennenbachs

Fast alle Anwesen Grünbergs liegen am Südhang des Hennenbachtales, nur unser Haus liegt an der Straße diesseits des Bachs. „Es seid's d Hennabochschrecka", unterstand sich Onkel Hans der molligen Tante Leni zu sagen, vor über siebzig Jahren. Bevor der Bach hinter unserem Haus vorbei floss, hatte er bereits die Bergmühle, die Mühle in Hemersdorf und die Hagmühle in Schwung gebracht. Danach trieb er noch die Kohlmühle samt Sägewerk, die Sau- und die Furthmühle an, um schließlich sein Wasser der Abens zu spenden.

Bachabwärts, an der nächsten Biegung, bedeckten gelbe Teichrosen, die ich so gerne rausgeangelt hätte, mit ihren glänzend grünen Blättern die Wasseroberfläche, und am Ufer gediehen prächtige lila Schwertlilien. In der sumpfigen Wiese davor blühten kugelige Trollblumen und Vergissmeinnicht. Frösche quakten, bis der Storch kam, herumstolzierte und den leichtsinnigsten unter ihnen ein jähes Ende bereitete. An den Gräben, die zum Hennenbach gurgelten, prangten sattgelbe Sumpfdotterblumen. Zwischen den Schilfrohren dümpelten und versteckten sich unsere Gänse, und dieses listige Spiel wiederholten die Schnatterschnäbel vorzugsweise am Abend, damit ich nach ihnen suchen musste, bevor sie gnädig mit mir heimzogen.

Überqueren konnte man den Bach hinter unserem Haus nur auf einem schmalen Steg, bestehend aus zwei Bohlen, neben knorrigen Weidenbäumen. Links und rechts hatte man zwei „Stempn" und einen in der Mitte des Bachs in den Grund gerammt, eine darauf genagelte Stange diente als Geländer. Anni, Resl, Liesl und Marl, die Selmermädel, marschierten mit ihrer Halbschwester Kathl oder der Jungbäuerin Frieda samt geschulterter Werkzeuge im Gänsemarsch darüber und durch unseren Hof auf ihre diesseitigen Felder. Herr Sponraft, unser kriegsversehrter einarmiger und stets kreuzfideler Postbote, balancierte darauf mit seinem Postlerradl einwandfrei hinüber, um auf dem Gangsteig ins Dorf zu gelangen. Er stieg dafür gar nicht ab, zum Schieben und Nebenhergehen war es ja erst recht zu schmal. Sein Ranzen war mit Briefpost und Zeitungen und sein Rad hinten und vorne mit Päckchen und Paketen der Versandhäuser Witt Weiden und Quelle beladen.

Grünberg am Südhang des Hennenbachtales

Vorm Hennenbach

Neben dem Steg, auf einer in den Bach hinein gebauten Waschbank, schwenkte über viele Jahre unsere Mutter kniend die Windeln ihrer sieben Kinder aus. Sie verriet mir, dass sich die Fische schon immer darauf gefreut hätten; noch als ich zur Schule ging, standen sie mit Vorliebe dort in der Strömung. Kamen wir nach dem Heumachen vorbei, ärgerten wir sie mit Rechen und Gabel, wobei meine geschickte Schwester Leni einmal, versehentlich versteht sich, blitzschnell einen Karpfen erdolchte. Nun hing der Arme an der Heugabel fest und ohne Notoperation waren seine Überlebenschancen gleich Null. Nur: wohin damit? Wir bekamen Angst, liefen ins Haus und holten unseren Vater, der den Zappelnden in schwungvollem Bogen ans Ufer beförderte. Mutter schimpfte, als wir den Fisch ins Haus trugen. Wenn das jemand bemerkt hatte... So was dürften wir ja nie wieder tun! Wir sahen uns schon mit einem Fuß im Gefängnis. Vernünftigerweise landete der Dicke dann doch im breiten Tiegel und gab, paniert und gebacken, in Begleitung eines Erdäpfelsalats eine schmackhafte Abendmahlzeit ab.

Als gegen Winter zu alle wichtigen Feldarbeiten erledigt waren, räumten unser Vater, der Hagmüller Xare und der stille Selmer Hias zusammen den Bach aus. Bei der Gelegenheit retteten sie ein paar Krebse und kamen - irgendwas muss sie lange aufgehalten haben - recht spät durchgefroren zu uns heim. Meine Mutter war mit den Kindern schon zu Bett gegangen. Bei ihrer schweren Arbeit hatten die Männer den Energieverlust mit Bier bekämpft, und so beflügelt fühlten sie sich stark genug, die

Krustentiere selber in den Kochtopf zu befördern. Diese einmalig selbständig zubereitete Mahlzeit schmeckte den Küchenunerfahrenen so gut, dass sie sich die Krebse samt ihrer natürlichen Fülle einverleibten. „De Saubären …", lästerte Mutter, als sie am nächsten Tag die Überreste des Mahls wegputzen durfte.

Einen der drei Bauern, unseren Nachbar Xaver, erwischte es eiskalt, als er mit dem Bulldog in den Hennenbach fuhr oder vielmehr stürzte. Er hatte seinen Hopfen nach Au gefahren und sich bei der Heimfahrt erheblich verspätet. Es war mitten in der Nacht und eisig kalt, als er meine Eltern und Geschwister rufend und klopfend weckte. Mein Bruder, damals ein junger Kerl, hat das Bild noch immer vor Augen, wie der Xare in einer Wasserlache inmitten unserer Küche stand. Aus seinen Filzstiefeln flossen kleine Rinnsale, das Gewand war patschnass, dicke Tropfen kullerten über sein Gesicht. Der Frischgetaufte berichtete, während sein linker Arm gemächlich einen sanften Bogen beschrieb: „Do fahr i so schee piano um d' Kurvn num und auf oamoi lieg i mittn an Boch drin …" - und mit ihm wohl sein Hopfengeld!

Unser windiger Traktor war der Aufgabe einer Bergung nicht gewachsen, so fuhr mein Bruder noch in der Nacht nach Kirchdorf und holte den Schmiedsepp. Er und sein Bruder waren Landmaschinenexperten, während ihr Vater im „Lederschaba" noch am Amboss vor dem Schmiedefeuer stand oder im Hof Ackergäule beschlug. Beim Oacher in Furth liehen sie sich den Bulldog mit Schneeketten aus. Mit vereinten Kräften gelang es, das schwere Gefährt im Bach, der schon eine dünne Eisschicht trug, wieder in die Senkrechte zu stellen und an Land zu schleppen. Vergeblich versuchten sie, den Xaver davon zu überzeugen, sich trockene Klamotten anzuziehen. Bis um drei in der früh arbeitete er, halbgefroren, mit. Als Vater und meine ältesten Geschwister am folgenden Morgen endlich aus den Federn krochen, war er schon wieder putzmunter auf seinem Motorrad unterwegs. Des warn halt no Naturn …

Hagmühle zu Großvaters Zeit

Im Frühjahr hatten wir immer wieder Hochwasser. Nach schweren Regenfällen konnte man zusehen, wie sich die Wassermassen von Hemersdorf zu uns wälzten. 1955 standen meine großen Geschwister Anni und Georg mit Stangen ausgerüstet in der bräunlichen Flut und fischten Treibholz heraus, denn vom Hagmüller hatte das Wasser hinter der Scheune aufgeschichtetes Bauholz, Hopfenstangen und sogar die gelagerte Hopfendarrkohle weggetragen. Es schwammen auch Bretter, Latten und ein ausgemustertes Kastl daher. Mein Bruder ersetzte bei ihm das fehlende Türl durch Hasendraht; und schon konnte sich unser Karnickelnachwuchs über ein neues Eigenheim freuen. Anni brachte gleich die weißen Angorakaninchen, deren wollige Kinder sich vorher immer unter den Wurzelstöcken im Holzschuppen versteckt hatten. Rock und Schürze hochgehoben stapfte ich dort, wo es weniger tief war, durch die laue trübe Brühe. Sehen konnte ich den Grund nicht, aber das glitschige Gras und den

„Baaz" zwischen den Zehen spüren - bis ich ausgerutscht war, auf dem Hintern lag, und Mutter wieder was zu waschen hatte.

Gelegentlich brachte das Hochwasser auch Ratten mit, die sich zu uns retteten. Das waren recht intelligente, vitale Gesellen, und einmal hatten sie sich bis zum Herbst so erfolgreich vermehrt, dass es sich anhörte, als würde ein Wurf Spanferkel auf dem Getreideboden fröhliche Wettrennen veranstalten. Außer ihrer Losung, schwarzen Knötchen, sahen wir nichts, doch wurde es abends ruhig im Haus, hörten wir die frechen Einwanderer über der Wohnstube toben. Wir brauchten aber die Getreidevorräte dringend für uns, unsere Schweine und Hühner. In diesem Schlaraffenland schwelgend fanden es die schlauen Nagetiere nicht ratsam, sich einer Falle zu nähern, und unsere fleißigen Mäusejäger fühlten sich überfordert. Wir mussten Gift anschaffen und als Köder auslegen und bald fand das fröhliche Treiben ein Ende. Unter den Bodenbrettern, zwischen den Balken um den warmen Kamin herum, hatten sie sich endgültig zur Ruhe gelegt, und meine Schwester Rosa durfte die Dahingeschiedenen mit dem Schürhaken rausangeln.

Wenn ich mich ganz still verhielt, sah ich auf dem Bach Bisamratten schwimmen, hübsche Pelztiere mit kastanienbraunem Fell und wuscheligem Kopf. In ihrem dunklen Schnäuzchen trugen sie manchmal einen Büschel Gras, dessen Enden zu beiden Seiten einen prächtigen Schnauzbart abgaben. Sobald sie mich bemerkten, waren sie auch schon weggetaucht. Ihre Wohn- und Schlafgänge lagen neben dem Bach, und rechte man dort das Gras zusammen, musste man aufpassen, dass nicht ein Bein darin verschwand. Ein Bisamrattenfänger aus Mainburg, der auf dem Gepäckträger seines Mopeds eine Werkzeugtasche mit Mordinstrumenten beförderte, stellte Fallen in das Tunnelsystem. Bei seiner Heimfahrt baumelte, links und rechts davon aufgereiht, eine reiche Beute neben dem Hinterrad herab.

Zu unserer großen Freude hatte der Hennenbach auch ein paar Badestellen zu bieten. Beim ausgelassenen Spritzen und Toben zertrampelten wir regelmäßig das Gras davor. Deshalb machte ein mächtiger Bauer seinem Ärger Luft, indem er die beliebte Badewiese mit dem Inhalt seiner Sickergrube flächendeckend „duftig" einfärbte. Lehrers Rosemarie kam mit Korkschwimmgürtel, ich lernte meine ersten fünf Meter schwimmen. Dass ich einmal von der Brücke mit einem „Platscher" in den Bach sprang, brachte mir keineswegs Anerkennung ein, sondern Vorhaltungen wegen Leichtsinns und Badeverbot. Dabei hatte ich es dringend nötig, denn Bad, Dusche, selbst ein Waschbecken gab es daheim nicht. Welche Wohltat, unterzutauchen und den Schweiß im Bach abzuspülen, vom Spaß ganz abgesehen.

Unsere nächstgelegene Badestelle war beim Fall zwischen Kohl- und Saumühle. In Eisenschienen eingelegte Bretter regulierten dort, wie viel Wasser vom Mühlbach abfließen sollte. Lupfte man so ein Brett, konnte man einen kneippschen Wasserguss genießen. Hatten wir Getreide eingefahren und waren entsprechend staubig und verschwitzt, radelten Leni und ich nach Feierabend noch schnell hin, um uns erhitzt im frischen Wasser zu tummeln.

An solchen Hochsommertagen standen oft schwere Gewitter am Himmel, die sich schwarz und drohend mit fernem Grollen ankündigten. Der Mesner musste zur Kirche laufen zum Wetterläuten, damit wir verschont blieben und das Unwetter sich einen anderen Ort suchte. Bei uns fuhr der Sturm zuerst in den Lindenbaum, ließ seine beiden Wipfel brausen, Äste ächzen und dünne Zweige flattern. Das Dröhnen wurde lauter und lauter, bald zuckten grell die Blitze. Donnerschläge ließen das Haus erzittern und Fensterscheiben klirren. Hatten sogar die Erwachsenen Angst, so zündeten wir die dicke geweihte Wetterkerze an und beteten gemeinsam. Der Strom fiel in solchen Fällen sowieso immer aus. Ich wusste von Anwesen, die infolge eines Blitzschlages abgebrannt waren, und fragte sommers wie winters vor dem Zubettgehen die Eltern: „Kommt heit Nacht a Weda?" Erst später konnten wir uns auch einen Blitzableiter leisten, wie ihn Kirche, Pfarrhof und Schule besaßen, und fühlten uns sicher.

Auf dem Brandplatz beim Huber

Heute treibt der Hennenbach keine Mühlenräder mehr an, rauscht nur schnell „zum Vergnügen" abseits des damaligen Bachbettes durch das Tal. Gelegentlich sieht man eine Forelle - Karpfen, Krebse, Bisamratten, Schilf, Teichrosen und Hochwasser gibt es nicht mehr.

Unsere Schulzeit

Der Unterricht war von der amerikanischen Militärregierung ab dem 8. Mai 1945 für ein halbes Jahr eingestellt worden. Im Rudelzhausener Schulhaus waren danach Polen untergebracht, deshalb diente der Tanzboden des Bauerwirts als Lehrsaal. Es gab weder Hefte noch Bücher, mehrere Monate lang unterrichtete ein einziger Lehrer dreihundert Kinder im Schichtbetrieb. Unsere wissbegierige Leni wurde an ihrem ersten Schultag von der liebenswerten Kochmutter zusammen mit deren Sohn Marte dorthin begleitet. Anni und andere Kinder der oberen Klassen betreuten die Kleinen und genossen großen Respekt.

Sehnsüchtig erwartet, begann 1955 endlich auch meine und des Koch Schoßls Schulzeit. Die blond bezopfte Klosn Wally, die sich immerzu um ihre kleinen Brüder kümmern und Nasen putzen musste, kam da schon in die zweite und meine Schwester Christa in die achte Klasse. Ich erinnere mich an unser Schulhaus mit seinen breiten Treppen und derart niedrigen Stufen, dass wir praktisch gezwungen waren, zwei auf einmal zu nehmen. Nach den Ferien veranstalteten wir auf den frisch geölten Böden Rutschpartien, und wo es ums Eck ging, stellten wir hinterher hastenden Kindern ein Bein. Zur kalten Jahreszeit hingen vor den großen Fenstern zusätzliche Winterfenster; trotzdem bibberten die Kinder davor, während die der Ofenreihe rot glühten. Schlimmeres verhinderte der eiserne Ofenschirm vor dem großen grünen Kachelofen, im Heizen waren wir fleißig. Heute ist unser altes Schulhaus ganz verschwunden.

Als Erstklässlerin transportierte ich meine zerbrechliche Schiefertafel im Lederschulranzen, den mir die Geschwister vererbt hatten. Aus ihm baumelten Bänder mit Topflappen und Schwamm. Eine hölzerne Griffelschachtel mit Schubdeckel barg neben Stiften, Spitzer und Radiergummi den „Kratzgriffel", das war nichts weiter als eine harte, mit Papier umwickelte Mine aus

Tonschiefer. Einzelne Kinder besaßen weiche, wie Bleistifte mit Holz ummantelte „Buttergriffel", die nicht abbrachen, aber teurer waren.

Interessanter als zu schreiben war es freilich, gemeinsam das Umland zu erkunden. Wir besuchten unseren Vater, der uns Bienen, Bienenhaus und -stöcke zeigte und erklärte. Irgendwann reichte das den fleißigen Honigsammlerinnen, sie setzten sich gegen unser Eindringen zur Wehr und begannen, uns zu verfolgen. Auf die schwarzen Kringellocken unserer Lehrerin hatten sie es besonders abgesehen. Darin verfangen gerieten sie in Panik, surrten fürchterlich und stachen verzweifelt zu. Sie duckte und Vater streckte sich, um die Bienen auf ihrem Kopf zu erwischen.

Später, nach dem Aufstieg in die dritte Klasse schrieben wir alles, vorerst mit Bleistift, auf Papier. Endlich konnte ich auch auf dem Schulranzen sitzend verschneite und vereiste Hänge runterrutschen! Unsere Lehrerin interessierte sich für alte Gedichte, die ich von Mutter oft hörte. Heimatkunde stand auf dem Stundenplan, und wir durften in Puttenhausen die Ziegelei anschauen. In unsere schrägen Schreibpulte eingelassen saß oben in der Mitte das Tintenglas unter einem Schnappdeckel. Wir bekleckerten zumindest unsere Finger beim Hantieren mit hölzernem Federhalter und Stahlfeder. Das Schreibgerät musste man regelmäßig reinigen und mit dem Federläppchen oder einem baumwollenen Stoffrest trockenreiben. Wir nutzten diese Gelegenheit für einen geselligen „Auflauf" am Ausguss hinter dem Lehrerpult.

Von der fünften bis zur achten Klasse unterrichtete uns der Hauptlehrer. Seine gewandte Tochter Rosemarie mit schwarzem Bubikopf und ich mit meinen langen Zöpfen teilten in der fünften Klasse die Schulbank. Von ihr lernte ich Feinheiten der Grammatik, zum Beispiel statt „meiner Schwester sein" „meiner Schwester ihr ..." zu sagen. Von Mutter Gebackenes tauschte ich mit ihr gegen Salamisemmeln. Sie lieh mir ihre Mädchenbücher aus. Während der kurzen Tage im Winter blieb Zeit zum Lesen, trotzdem grantelte Mutter: „Do wirst no ganz blöd vom Lesen!" Sie meinte es gut, doch mit den Büchern lernte ich andere Welten kennen und träumte von einem weniger mühsamen und entbehrungsreichen Leben.

Einmal kam eine Artistenfamilie in unsere Schule und kündigte für den nächsten Tag die Aufführung ihrer Kunststücke an. Einige Kinder hatten Geld mitbekommen, durften sich das Spektakel offiziell anschauen und mussten sich dabei den Hals verrenken. Mir erging es besser, weil uns Rosemaries Mama erlaubte, vom Logenplatz des Toilettenanbaus im Lehrerhaus die Sensation mit zu verfolgen. Wir kletterten übereinander, damit uns nur ja nichts entging. Vom Hopfenspergerwirt führte ein Seil hoch oben über die Straße. Ein Seiltänzer balancierte darüber, gebannt hielten wir den Atem an, als er darauf herumturnte, und erschraken, als er schließlich auch noch seinen kleinen Sohn mit hinauf trug. Gegen Ende der Vorstellung drückte die Lehrersfrau ihrem Buben Geld in die Hand, damit er für unser Schwarzsehen bezahlen konnte.

Der Lehrer, stets in Anzug und Krawatte und mit säuberlich zurückgekämmtem Haar, führte uns fünfzig Kinder aus vier Klassen wiederholt in ein kleines Wäldchen bei Pittersdorf. Er verwies auf die jahreszeitlichen Veränderungen an Ebereschen, Liguster und Weißdorn, und wir bastelten Schautafeln mit Pflanzenteilen. An Wandertagen zogen wir, „Im Frühtau zu Berge" singend, los. In Notzenhausen und Kleingundertshausen durften wir einkehren, da gab es für jeweils zwei Kinder eine Flasche Limo. In Mainburg lieh unser Lehrer Dias und Schulfilme aus, wir lachten über kleine Pygmäen und Frauen, die saftige Kuhfladen an Hüttenwände klatschten, um Brennmaterial zu gewinnen. Nach der Vorführung wickelten und verschnürten Achtklässler auf hohen Leitern herumturnend die schwarzen Fensterrollos, und helle Sonnenstrahlen ließen uns alle blinzeln bei der Rückkehr in unsere bekannte kleine Welt.

Wir Landkinder quälten uns nur in der Schule mühsam mit Hochdeutsch ab und lieferten in unseren Aufsätzen die lustigsten Stilblüten. Große Schwierigkeiten bereiteten uns Grammatik und Rechtschreibung. Für eine Raiffeisenfeier lernten wir ein Gedicht, von Vater

Brave Schulmädchen

Raiffeisen handelnd. Die Verse enthielten seinen Grundsatz: „Auf Disziplin und Ordnung achten", ein schier unlösbares Problem für mich, da ich immer nur „Displizin" herausbrachte. Schließlich durfte nur das gescheite Fahn Marerl zur Feier, ich hatte umsonst gelernt.

Handfeste Disziplinarmaßnahmen ergriff der Pfarrer im Religionsunterricht. Die von der Kante eines Lineals verursachte Schramme auf meinem linken Unterarm ließ ich daheim lieber nicht sehen. Wer nicht den Mund hielt, riskierte eine Kettenreaktion von Züchtigungen, denn alle Handlungen Erziehungsberechtigter galten als gerechtfertigt. Dazu gehörten „Backpfeifen" und die Strapaze gezupfter Schläfenhaare als „Bosheitsschüppl". Der Bravste bekam also seinen VW-Schlüssel anvertraut, um vom Rücksitz den Rohrstock zu holen. Hochwürden war groß, breit und stark und holte mit dem „Tatznstecka" weit aus. Links und rechts zu spüren bekamen ihn zwei Buben der oberen Klassen.

Das geschah ihnen zu Recht, denn sie sind auch immer den Mädels nachgelaufen, um mit frechen Fingern zu prüfen, ob ihr Busen gewachsen sei. Nach der Pause waren nämlich immer zwei Buben und zwei Mädchen zum Toilettenputzen eingeteilt. Das Wasser dafür mussten sie in Krügen aus einem leer stehenden Klassenraum holen, und diese Situation nützten die Wüstlinge schamlos aus.

Ein großer Bauer kam ganz offiziell ins Klassenzimmer, um Kinder anzuwerben. Im Frühjahr zum „Ruam voziagn", im Herbst zum „Erdäpfeglaubn". Mit Traktor und Anhänger oder auch mal im Auto holte er seine Helfer von der Schule ab. Sie hatten Spaß während der gemeinsamen Arbeit und bekamen Speis, Trank und obendrein noch Lohn. Darum beneidete ich die Arbeiterkinder am meisten, denn die Erfindung des Taschengeldes stand immer noch aus. Brauchte ich ein Schulheft, bekam ich genau die zwei dafür notwendigen Zehnerl.

Über Nazizeit und Sexualität sprachen wir in der Schule nie. Von der Nazizeit erfuhr ich erst später, doch anschauliche Aufklärung über die Fortpflanzung verschafften wir Landkinder uns selbst. Kälber- und Ferkelgeburten hatte ich ja schon miterlebt, denn bei Komplikationen war es meine Aufgabe, Nachbarsleute zum „Keiweziagn" herbei zu schaffen. Damit es allerdings erst soweit kommen konnte, hielten einige große Bauern Bullen und Eber, so auch der Hopfensperger direkt neben dem Schulhaus. Ging also ein Landwirt mit einer Kuh oder Sau am Strick von der Kirche herauf, wussten wir genau, was folgen würde. Zeigte die Kirchturmuhr an, dass die Pause kurz bevorstand, war es vorbei mit unserer Aufmerksamkeit, waren wir doch kaum noch fähig, stillzusitzen. Raus gelassen stürmten wir die Klofenster mit einmaligem Überblick.

Unsere Kusine, das Frei Reserl, hatte keine Tiere daheim. Sie begleitete Anni, als die eine Kuh zur Hagmühle führen musste: „Mir sand glei an Stoi hi'ganga, d'Berta hod uns scho g'sehng g'habt, hod an Bumal rausg'weist, der is aufg'stiegn und na warn ma scho firti". Das Reserl konnte nicht fassen, dass alles so schnell vorbei sein sollte: „Des dauat aba do bei uns vej länga, oder?"

Anni hatte schon als ganz kleines Mädchen spitz gekriegt, dass sie ihrem Bruder gegenüber irgendwie zu kurz gekommen war. Sie reklamierte sogleich, wenn auch mit wenig Erfolg, bei Mutter:

„Worum hab i koan solchan O'packara zum Biesln?", und erfuhr als erste von uns, dass an Mädchen immer gespart wurde.

Völlig ausgeschlossen war damals, Bildmaterial über die nackte Beschaffenheit des Menschen aufzutreiben, was unseren Forscherdrang natürlich verstärkte. Buben hatten anscheinend etwas Praktisches, womit sie im Stehen und ohne sich auszuziehen „bieseln" konnten. Weil er es uns nicht sehen lassen wollte, zogen wir in Hubers Bretterschuppen dem Kleinsten die Hose so weit runter, bis es zum Vorschein kam. Das war noch, bevor wir beichten gehen mussten.

Diese Erfahrung machten wir auf unserem langen Schulweg, auf dem es meist recht lustig zuging. Ungemütlich war diese Strecke nur im Winter, wenn man sechs Mal in der Woche sein behagliches Nest verlassen musste, während sich die Kinder des Schuldorfes noch mal im Bett umdrehen durften.

Hörte ich schon unter meiner mollig warmen Decke den Schneesturm ums Haus pfeifen, war mir Angst und Bang ums Rausgehen. Manchmal wurde es dermaßen kalt, dass unsere Atemluft an den Haarspitzen zu Raureif gefror. Der stürmische Ostwind trieb uns freundlicherweise am Morgen vorwärts, auf dem Heimweg mussten wir Leichtgewichte uns dagegenstemmen um standzuhalten, und nicht selten peitschten Regen und Schneekriesel Gesicht und Augen. Wir Mädchen trugen damals immer unter Kleid und Schürze eine angeraute Trainingshose, darüber einen Wollmantel, Kopftuch und Fäustlinge. Problematisch waren

Kopftuchmädel

die Lederschuhe, denn bei Matschwetter weichten sie auf dem langen Weg durch, man saß mit feuchten Füßen in der Schule, was Rheumaschmerzen zur Folge hatte.

Mein erster Schulwinter war so streng, dass der flotte Hagmüller Xaverl mit seinem Radl schneidig im zugefrorenen Bachbett fahren konnte. Sein Vater ließ uns auf den Pferdeschlitten steigen, als wir ihn auf unserem Heimweg trafen. Bis Notzenhausen führte uns dieser Umweg auf der noch unbefestigten Straße und über Feldwege. Es war nicht nur bequem, sondern auch wunderschön, an dem ruhigen Wintertag durch unsere frisch verschneite, bucklige Landschaft zu gleiten. Der Schnee hatte alle Laute gedämpft, doch sein Knirschen unter den glatten Kufen hörte man gut. Außer uns sah man keinen Menschen unterwegs, der den Kaminen entsteigende Rauch war das einzig sichtbare Lebenszeichen. Ganz andächtig saßen wir neben dem Hagmüller auf dem Schlitten und brachten es sogar fertig, vorübergehend den Mund zu halten. Die beiden stampfenden und schnaubenden Ackergäule mit ihrem rauchenden Atem freuten sich mit uns an dieser ungewöhnlichen Spazierfahrt.

Schulsport fiel im Winter aus, denn einen Turnsaal gab es nicht. Stattdessen durften wir rodeln. Unser Schlitten war noch vom Wagner gemacht, schwer zu ziehen, aber dafür der Schnellste bergab. Auf dem Schulweg packte ich ihn hinten, schob schnell an und warf mich drauf, um ein paar Meter zu schlittern. Fuhr mein großer Bruder mit dem Schmalspurtraktor zur Arbeit im Raiffeisenlagerhaus, ließ ich mich komfortabel samt Schlitten ziehen.

Meine ältesten Geschwister mussten an kalten Wintertagen jeden Tag ein Scheit Holz zur Schule mitbringen. Von Grünberg nach Rudelzhausen trugen sie das Holz allerdings nicht, dafür schrumpften die dortigen Holzstöße. Früher, so erzählte Vater, steckten er und seine Geschwister sich ein paar der für das Schweinefutter frisch gedämpften Erdäpfel in die Taschen.

Damit hielten sie ihre Hände lange warm und hatten anschließend noch was zu futtern.

Manchmal musste ich zur Schulmesse bereits vor Morgengrauen aufbrechen. Dann war ich immer heilfroh, wenn die bedrohlichen Hopfenstangenwälder hinter mir lagen. Spaßig war dagegen, die Daumen im Ranzenriemen eingehängt vorauszuspurten und dahinter versteckt den verspätet anhechelnden Kameraden aufzulauern, um sie mit lautstarkem Geheul zu erschrecken. Zwischen Unterau und Rudelzhausen gab es auf einer Strecke von gut einem Kilometer weit und breit kein Haus. Auf halbem Weg am Hügel stand und steht immer noch ein Feldkreuz hinter einem tiefen Graben. Leni fürchtete ihn, aber vor allem die hohen Getreidefelder, wo jemand hätte lauern können. Ich benutzte sie denn auch als Versteck vor fremden Autos und Motorrädern, die mich wiederum ängstigten. Christa arbeitete als junges Mädel beim Kramer Grüner in Kirchdorf und lief am späten Sonntagabend eben diesen Weg dorthin. An der einsamsten Stelle steuerte eine finstere Gestalt geradewegs auf sie zu. Stockfinster war's und nichts Genaues zu erkennen; Herzklopfen, große Angst lähmten sie beinahe. Getreu der Parole: „Angriff ist die beste Verteidigung", brüllte sie los: „Hundsmatz, gehst hoam!" Vollkommen unbeeindruckt näherte sich das Wesen gemächlich bis auf wenige Meter. „I geh scho hoam", antwortete die Stimme unseres Vaters. Er ging vom Wirt heim, wo er, wie immer am Sonntagabend, mit Leidenschaft beim Schafkopfen gehockt war.

Des Sommers liefen wir auch barfuß zur Schule, die Hornhaut unserer Fußsohlen konnte es mit den Kieselsteinen aufnehmen. In der Mittagszeit brannte die Sonne so heiß herunter, dass die Luft vor Hitze flimmerte, und wir erfrischten uns mit Sauerampferblättern; die wenigen Fahrzeuge hatten sie noch nicht eingestaubt. Manchmal fieselten wir uns auch Weizenkörner aus den Ähren, die schmeckten schön nussig. Noch immer schwärmen meine Geschwister von den saftigen „Bazlruam", die sich leicht mit dem Fingernagel schälen ließen und die sie ganz dezent

„Bettbrunzer" nannten. Auf den Getreideäckern baute man sie als Zwischenfrucht an, und in der Schule verbot man den Kindern ausdrücklich, sie von den Feldern zu stehlen, was sie nur noch attraktiver und allgemein bekannt machte.

Kirchdorf, Rudelzhausen und Grünberg (von vorne nach hinten)

Vor Rudelzhausen zweigten wir an einer hohen Fichtengruppe links ab in die Abkürzung über die „Kreppn". Das war ein Hohlweg zwischen dem Obstgarten des Schusterbauern und einem höher gelegenen Hopfengarten. Es roch eigenartig da, ähnlich wie auf dem Friedhof, wohl wegen des wild wuchernden Gestrüpps. Wenn ich Glück hatte, sah ich hier manchmal ein Wiesel. Die Äpfel vom Schusterbauern leuchteten jeden Tag praller und lachten uns an. Fremde Früchte sind nun mal süßer als die eigenen und fiel einer über den Zaun, gehörte er uns. Ein übergroßer Vitaminbedarf, dem unverzüglich abgeholfen werden musste, zwang uns einmal, einzusteigen. Leider lief der Schusterbauernlenz schneller herbei als wir vom Baum klettern konnten. Danach war er ziemlich bös auf uns, weil wir seinen Zaun nicht respektiert hatten.

Früher, als meine älteren Geschwister noch zur Schule gingen, hatte man dort keine Einzäunung gebraucht; damals bewachte nämlich ein heimtückisch scharfer „Bigauderer" (Truthahn) den Garten. Er war allseits gefürchtet, denn er konnte plötzlich seine Flügel spreizen, angreifen und heftig zupicken. Ausgerechnet zu der Zeit, da die Äpfel reiften, lauerte in der Kreppn aber noch ein weiteres Ungetüm. Gerade wenn die Kinder mit nichts Bösem rechneten, wurden sie unvermittelt von hinten hochgehoben und im Flug weiter befördert. Der hinter(n)listige Schafbock hat sie mit seinen Hörnern aufgegabelt, dieses Mistvieh konnte unsichtbar auflauern und unhörbar anschleichen. Vor der Ernte war er samt seinem Schafsharem eingepfercht, damit sie nicht im Hopfengarten ihr Unwesen trieben. Doch der Schusterbauer wird sich schon etwas gedacht haben, wenn er den bösen Bock zur Apfelreife raus ließ.

Anni bummelte einmal mit einem halben Dutzend Grünberger Kindern zur Schule, als ihnen am Rudelzhausener Dorfrand der Fürthaler Wik entgegentrat. Der behäbig breite Mann, von ihnen „Wula-Wik" genannt, schwindelte die Ranzenträger an: „Worum gengts es heit in d' Schui, enga Lehra is de ganz Nocht an Bett gleng?" Ohne lange nachzudenken, machten sie auf der Stelle kehrt und lotsten die nachkommenden Kinder auch gleich wieder heim. Unsere Mutter hat den Wula-Wik später deswegen „zamm'-gschimpft".

„Liaba schlecht g'fohn ois guat g'lafa", sagten wir uns, als die fahrbaren Untersätze noch rar waren. Radelte der Wittmann Lucke von Tegernbach zur Arbeit beim Sattler in Rudelzhausen, durften zwei von uns aufhüpfen, während ein Dritter oder eine ganze „Bagasch" zurückblieb und dumm schaute. Der Bürgermeister aus Hemersdorf bremste, ließ einen vorn auf den Tank und zwei mit Schulranzen hinter sich aufs Motorrad klettern und knatterte, allen Vorschriften zum Hohn doch zur allgemeinen Gaudi, mit dieser Fuhre gleich quer über die Bifenge im Erdäpfelacker. Zog der Gschloßbauer von Kirchdorf mit dem

Pferdefuhrwerk zu seinen Grünberger Feldern, nahm fröhlich die ganze Horde auf dem Mistwagen Platz und ließ die müden Beine baumeln.

Gab es weniger Feldarbeit, bettelte ich Mutter, mit der wendigen Oacher Irmgard einen Abstecher über Furth heimgehen und spielen zu dürfen. Auf das Mädchen mit brünettem Pferdeschwanz wartete daheim immer eine Schüssel Schokoladenpudding, von dem ich mitnaschte. Das schmeckte viel besser als die daheim im Bratrohr warm gehaltenen Reste des Mittagessens, mit durchweichtem Knödel und scharf eingebrannter Soße im Emailleschüsserl.

Damals waren gerade die ersten, einfachen Legosteine auf den Markt gekommen. Obwohl sie mehr simplen Bauklötzen als den später angebotenen, ausgeklügelten Elementen glichen, fanden es selbst die Erwachsenen spannend, damit zu bauen. Doch wenn keiner daheim war, verzogen wir uns lieber in das Zimmer Irmis großer Schwester, liehen uns deren Ballkleider mit raschelndem Taft, geschmückt von Tüll und Pailletten aus und spielten große Damen. Für die uns fehlende Oberweite fanden wir auch Ersatz. Irmi war gut für Lumpereien zu gebrauchen und ich weiß noch, wie wir bei unseren ausgelassenen Versteckspielen sämtliche versteckte Winkel auskundschafteten. Im halbdunklen Stadel durchdrangen wir mehr tastend als sehend einen Dschungel von Spinnweben, kraxelten den Heustock hinauf, wühlten uns ein und lauschten regungslos, damit uns das Abzählen nicht entging. Dann schossen wir, eine Staubwolke hinterlassend, die steile Bahn herunter zum „Einschlag", den man erreichen musste, bevor fertig abgezählt war. Unser sicherstes Versteck stellte der im offenen Schuppen auf einem hohen Bretterstapel lagernde Sautrog dar. Die ebenfalls in luftiger Höhe verstaute Ferkelkiste dagegen begann zu wackeln, kam polternd in Fahrt und blieb kopfüber liegen einschließlich „Wertfracht". Alles machte so viel Spaß, weil wir uns die Zeit für diese kleinen Vergnügungen beharrlich hatten erbetteln müssen.

D'Hopfazupf

Alle Schüler mussten bei der Ernte mithelfen, unsere Sommerferien dienten einzig diesem Zweck. Arbeiterkinder beteiligten sich zusammen mit ihren Müttern, sie erhielten dafür auch einmal kräftiges Essen und ein wenig Geld für ihre Sparbüchse.

Vor dem Krieg kamen ein paar Zupfer aus der Pfalz. Unser Hopfen war bald gebrockt, da halfen die Pfälzer in Gundertshausen bei Tante Theres und Onkel Johann fertigzupfen. Die kleine Anni wollte unbedingt mit und durfte dort sogar bei unserer Großmutter drinnen schlafen; sie hatte sich immer so gefreut, wenn die Oma mit ihrem Körberl auf dem Forstweg nach Grünberg gekommen war. Erst tapfer, bekam sie doch mitten in der Nacht Heimweh und weinte nur noch. In aller Früh fuhr die Tante Theres sie auf dem Radl bis Hemersdorf, wo Anni sich auskannte und heim lief, der verblüfften Mutter in die Arme.

BDM-Mädchen, Eltern, Kinder und Großvater

Während des Krieges kamen aus Kulmbach Hitlerjugendmädchen vom BDM als Erntehelfer. Der Großvater holte sie mit Ochs und Mistwagen am Rudelzhausener Bahnhof ab. Eine hieß Eva Maria Wolf, die taugte nicht viel zum Zupfen, dafür aber mehr zum Dichten. Sie schickte uns später ein kleines Heft mit einem ungefähr acht Seiten langen Gedicht. Ihre Ankunft bei uns schildert sie darin so:

„Es schien uns allen sehr beschissen,
die Häuser und auch die Kulissen".

Nach dem Krieg kamen unsere Hopfenbrocker aus Dachau. Tante Wally, Vaters Kusine, warb die Saisonkräfte dort in ihrem Wohnviertel an. Sie war Hopfenmeisterin und Respektsperson und passte gut auf, dass ihre Leute möglichst besser bezahlt wurden als die unserer Nachbarn. Die gemeinsame Bahnfahrt über Wolnzach nach Rudelzhausen organisierte sie ebenfalls. In den Tagen vor Beginn und am Ende der Hopfenernte waren die Personenzüge extra lang und vollbesetzt, das sah man von weitem.

Ungeduldig, wie in der Erwartung des Christkindes, zählte ich die Wochen und Tage. Hatte unsere Hopfenmeisterin viele Kinder angekündigt, freute mich das besonders, dann war endlich was los! Bevor ich zur Schule kam, hatte ich selten Spielkameraden; meine Geschwister waren zu groß, unser Haus stand recht einsam, und Kindergärten gab es auf dem Land noch lange nicht. Ich half Mutter eine Menge Strohsäcke auszustopfen und einen Berg Decken bereitzulegen für die Erntehelfer. Sie holte Vorräte ins Haus; um Abwechslung auf den Abendbrottisch zu bringen, große Eimer Bismarck- und Bratheringe. Schließlich schlachteten wir auch noch ein Schwein.

Mit Bulldog und angehängtem Wagen holten wir die Arbeiter mit ihrem spärlichen Gepäck vom Bahnhof ab. Tante Wally mit der aparten Hochsteckfrisur brachte ihre kleine Enkeltochter Renate und Süßigkeiten für mich mit. Früh um sechs, wenn die Zupfer raus mussten, wurde die schlaftrunkene Renate vorsichtig von ihrer Oma zu mir ins Bett gelegt. Wir durften ausschlafen, Anziehen und Katzenwäsche schafften wir dann schon selber. Danach quengelte und maunzte das Mädchen in einem fort: „Tante, du musst mich ziern!" Ja freilich, was denn noch, da will die verziert, geschmückt werden? „Du konst de vo deina Oma an Hopfagartn dausst ziern lassn!", meinte Mutter. Daraufhin kramte die patente Renate aus ihrem Kofferl Bürste und Kamm, zeigte es ihr und fragte: „Derf i des na in Hopfagart'n mitnehma?" Endlich ging uns ein Licht auf! Sie wollte frisiert werden und konnte das noch nicht sagen. Wir wurden halt „kampelt". Nachdem Mutter meine langen Haare gerupft und wieder zu strengen Zöpfen geflochten hatte, war es eine Kleinigkeit, ihr Pferdeschwanzerl zu „zieren". Wir frühstückten, halfen ein wenig bei der Essensvorbereitung und fuhren um neun mit dem Vater in den Hopfengarten. Um die Zeit war der nasskalte Tau abgetrocknet, der den Früharbeitern klamme Finger beschert hatte. Außer uns beförderte Vater auf dem Wagen eine große Milchkanne voll heißem, süßen Lindenblütentee, einen Korb Emailletassen, einen großen Laib Brot und ein gefährlich langes Messer.

Mein Hut, der hat drei Löcher - und fünf „Droin"

Wir gingen die Reihe durch, säbelten für jeden einen beliebig dicken Keil Brot vom Laib und schöpften Tee in die Tassen. Dann halfen wir ein bisschen Hopfenzupfen und sorgfältig „Droin zamm glaum". Die säuberlich abgezupften Reben zogen wir längs des Bifengs, der Pflanzenreihe, nach hinten und riefen: „Hopfa" oder: „a neie Rehm". Mein Bruder kam mit dem langen, dünnen, schlingernden Hakenstangl, setzte einen kräftigen Schlag gegen den stacheligen Oberdraht, der Haken des Auflaufdrahtes hüpfte heraus und die schwere Rebe sauste zu Boden. Wurde ich von einem der rauen Zweige gestreift, gab es böse, brennende Striemen.

Die Hopfenzupfer saßen auf selbst zusammengenagelten Hockern und pflückten in einen großen Korb. War er endlich voll, trugen sie ihn auf dem Rücken oder an die Hüfte geklemmt zum „Metzn", einem auf sechzig Liter geeichten, verzinkten Zuber am Ende des Bifengs. Damit wurde gemessen und bei sehr großen „Kürman" verblieb ein kleiner Rest darin für das nächste Mal. Für jeden vollen Metzen gab es ein blechernes Hopfenzeichen vom Hopfenmeister, bei uns war das Bruder oder Schwester. Die mit jeweils gut vier Metzn gefüllten Säcke fuhr Vater heim zum Dörren.

Von allen freudig erwartet, tuckerte er gegen zwölf mit dem Mittagessen wieder an. Mutter hatte die heißen Töpfe in Decken eingeschlagen und Teller und Bestecke in einen großen Weidenkorb geschichtet. Der Wagen diente nun als Speisetisch, mein Vater ließ die Seitenbretter herunter, ich stellte ringsum die Blechteller auf und schon war angerichtet. In der Mitte der Tafel knieten Vater oder Bruder vor den riesigen Behältnissen mit Fleisch und Beilagen, schöpften, verteilten und gaben Nachschläge. Zu trinken gab es für Frauen und uns Kinder meist ein Kracherl oder selbst gemischtes Radler, von uns Russ genannt, und für Männer ein Flaschl Bier.

Vorneweg: der „Stangler"

Zwecks dringender Bedürfnisse lief man früher schon mal in den Nachbarhopfengarten; da war es dann wichtig, dass man eher dran war, mit dem Zupfen. Wir hatten freilich schon ein tragbares Häusel dabei, mein Bruder hob dafür eine Grube aus, die er später wieder mit Erde auffüllte.

Direkt vor unserem Haus stand ein großer Hopfengarten. Der gehörte allerdings dem Hagmüller und wir „profitierten" nur insofern davon, dass seine Pflücker unser Plumpsklo aufsuchten. „Ein selten liebes Mäderl", unsere Rosa, saß auf dem Wagen im Hof, als eine aus diesem Ort kommende Hopfenzupferin sie recht angesponnen hat: „Ja bist du a liabs und bravs Mäderl, magst ned mit mir nach Münchn kema, da gibt's so viel Schönes zum Oschaun?" Es muss heiß gewesen sein, ein luftiges Bluserl bedeckte nur dürftig das „Holz vor der Hüttn" dieser freundlichen Dame.

Unter der Linde vor Hagmüllers Hopfen

Vom Wagen runter linste die nette Kleine in den dargebotenen Ausschnitt, während sie sich geduldig das süße Geschmuse anhörte. Ihre moralische Entrüstung muss indessen ins Unendliche angewachsen sein. Erst zögerlich, dann immer kräftiger polterte sie los: „Du Bake, du Bake, du …, dir hängt ja do da ganze Bauch raus!" Damit kein Missverständnis aufkommen konnte, streckte sie die Fingerl ihrer schönen Hand in Richtung der beanstandeten Körperteile. Bake sollte übrigens Fake oder Ferkel heißen, den richtigen Buchstaben hatte sie noch nicht drauf.

Die ehr-, tugend- und arbeitsame Jungfrau Zenzl, unsere fleißigste, schon rekordverdächtige Hopfenzupferin, rupfte jeden Tag mindestens zwölf Metzn runter. Obwohl sie gern ihr Bier trank, was ihr zweifellos zustand, schien sie es nie nötig zu haben, sich zum Häusel mit dem Vorhang zu begeben. Bis wir dahinter kamen, dass sie unterm „Droin zamm glaum" ihr Bächlein auf die Erde rinnen ließ. Anlass genug für uns, zu spekulieren, wie wohl die Beinkleider unter den Röcken einer Jungfrau, die ein untadelig sittsames Leben führte, beschaffen sein mussten. Heute spricht man von Rationalisierung.

Die Zenzl hatte ihr eigenes Besteck in einem Stofftascherl mit dabei. Große Aufregung herrschte, als das eines Tages spurlos verschwunden war. Alle halfen suchen, die schlimmsten Verdächtigungen lagen unausgesprochen in der Luft. Des Rätsels Lösung folgte erst Jahre später, als es Vater beim Pflügen mit dem Ochsen an die Oberfläche beförderte. Zenzl's Freude war übergroß, das Vertrauen in die Erdenbewohner wieder zurechtgerückt. Alles eine Frage der Zeit, und wenn man das Besteck nur lange genug mit Ata scheuerte, blitzte sogar noch blankes Metall unter dem dicken Rost hervor.

Onkel Wast, seinerzeit Mesner in Rudelzhausen, und seine Frau, die Felber Res, waren auch recht tüchtige und sogar saubere Zupfer. Ihre Kinder stillte die Tante im Hopfengarten, danach schliefen sie brav, denn der Hopfen tat seine Wirkung wie

Baldrian. Die schon größeren Töchter arbeiteten fleißig mit und passten auf die Kleinsten auf. Die Res hatte für sich und die Ihrigen „Stutzn" genäht. Das ist ein Stoffschlauch, hinten und vorne mit einem Gummizug versehen, der den Unterarm vom Daumengelenk bis über den Ellbogen vor Kratzern schützt. Mein Bruder erinnert sich, dass beim Stangeln ein Oberdraht riss und eine ganze Ecke schwerer Hopfenreben auf einmal zu Boden krachte. Ringsum war alles von kreuz und quer übereinander liegenden Reben bedeckt, nur das Kinderwagl mittendrin war, wie durch ein Wunder, verschont geblieben.

Anni hält Ochsen, Tante Res mit ihren Stutzen

Selbst bei Regenwetter wurde gearbeitet, dabei dienten Hopfensäcke aus Jute als Kapuzen mit Rückendeckung. Später hatten wir Plastiksäcke als Regenschutz.

Nachmittags hatte Vater wieder Brotzeit gebracht und in der Dämmerung fuhren alle auf dem beladenen Wagen mit heim. In der Waschküche schrubbten und bürsteten wir unsere dick mit dem Hopfenbitterstoff Lupulin verklebten Hände. Auch Sand-

und Kernseife wurden dem nicht Herr und die Haut fasste sich, trotz Einschmierens mit Schweineschmalz oder Nivea, jeden Tag rauer an. Richtig sauber bekam man Finger und Nägel erst ein bis zwei Wochen nach der Ernte.

Aufgeladen ist, festhalten, gleich geht's los!

Küchenschrank und Kanapee mussten wir zur Hopfenbrock rausräumen, um Platz zu schaffen für eine, aus mehreren Teilen zusammengesetzte, lange Tafel. Ums Eck stand der übliche Tisch für uns Kinder, wo wir beim Abendessen besonders „reinhauten". Da gab es zum Beispiel frisch gekochte Gemüsesuppe und danach eine Mehlspeise wie Hasenöhrl oder Schmarrn mit Kompott. Vor und nach der Hopfenzupf stellten wir uns auf die Sackwaage, die bewies, dass trotz der Arbeit von früh bis spät an sieben Tagen in der Woche alle an Gewicht zulegten. Unsere Mutter und die vielen anderen lebenstüchtigen Frauen schafften es, nebenbei Vieh und Garten und womöglich noch Kleinkinder zu versorgen. Sie erbrachten diese Leistung selbstverständlich, ohne viel Aufhebens darum zu machen.

Ein starker, angenehm herbwürziger Duft durchströmte nun unser Haus. Verknüpft mit dem Bild des aufgeschütteten Hopfenhaufens ist er mir immer noch gegenwärtig. Jedes Jahr zeigte und erklärte Vater neuen Erntehelfern die Trocknungsanlage. Die Säcke voll frisch gepflückter Dolden musste er auf seinem Rücken über Hausstufen und Fletz die gewundene Bodenstiege und die steilen engen Stufen zum Oberboden hinauf und schließlich ans Ende des Spitzbodens tragen. Durch eine schmale, niedrige Eisentür unterm Dach zwängte er sich an die Horde zum Aufschütten des Hopfens, der nacheinander auf drei Ebenen trocknete. Alle zwei Stunden entleerte er die gedörrte unterste Lage vom Auszug auf den Doldenberg und schüttelte die darüber liegenden nach. Als es noch kein Rädergestell zum Herausschieben gab, holte Vater nachts meine ältesten Geschwister aus dem Bett. Wie kleine Schlafwandler halfen sie ihm barfuß im Hemd die großen Schubkästen tragen, während die Zupfer in Decken gewickelt am Rand des Hopfenbodens schliefen. Rund um die Uhr musste er den Darrofen gleichmäßig beheizen mit großen Holz- und Kohlestücken. Dabei war das rechte Maß zu beachten, sonst kam der Ofen zum Glühen. „Do is d' Hopfadarr ausbrennt", hieß es damals so manches Mal. Inspektoren, Kaminkehrer und

Brandschutzmauern halfen die Gefahr für Haus und Hof zu verringern. Das Feuergeprassel des Ofens und das Surren des Ventilators verstummten erst am Tag nach Ernteschluss.

Natürlich hatten die Saisonarbeiter noch viel Interessantes zu erzählen, bevor sie sich in ihr Strohsacklager auf dem Getreideboden zurückzogen. Ob da vielleicht noch weitererzählt werden würde? Lenis sehnlichster Wunsch war immer, einmal dort schlafen zu dürfen. Mutter hat es nicht erlaubt, und so werden wir nie mehr erfahren, was ihr alles entgangen ist.

Tante Wally ging, nachdem sie nun schon einmal da war, am Abend ihre Hallertauer Basen besuchen. Onkel Jak, ihr zaundürrer Mann, war daheim ein recht stiller Mensch, der tagein, tagaus im Keller Schilfmatten flocht. Er nutzte ihre Abwesenheit, um mit meinen großen Schwestern und den Hopfenzupfermädchen Spaß zu machen und Schnaderhüpferl zu singen. Damals wollte er nicht glauben, dass es bei uns einen Ort namens Pumpernudl gibt. Kurzerhand luden ihn die jungen Mädchen auf ein Leiterwagerl und zogen ihn über ein paar Bergerl und den Tegernbach dorthin. Am Ortsschild ließ er sich überzeugen. Auf der Heimfahrt, wo es mehr bergab ging, durfte sich jeweils ein Mädel zu ihm setzen. Es muss für ihn das Höchste gewesen sein. Denn Laufen konnte er ja nicht, sein steifes Bein verhinderte das, weswegen er im Hopfengarten auch einen eigenen, extra hohen Hocker brauchte. Durch eine dicke, runde Nickelbrille sahen wir seine schelmischen Augen erstaunlich vergrößert.

Auch unverkrampfte Preußen, Akrobaten und Ausreißer fanden sich unter unseren Erntehelfern. Zartfühlend miteinander umzugehen, war uns Landkindern fremd. Deshalb machten wir uns dauernd lustig über ein Kölner Liebespaar, das sich wenig erfolgreich im Zupfen versuchte. Sie verletzten ein absolutes Tabu, was damals alle Mädchen und Frauen vor Scham erröten ließ. Ich vertraute der Leni an, was ich kaum zu schreiben gewagt hatte. „Ja, jetz woas es a, de hots einfach aufn Tisch gstellt, nebn

Kaffeetass", fiel ihr ein. Die füllige Dame nämlich rief quer über den Hopfengarten, Kurt solle ihr diesen Artikel für die Monatshygiene, den es nur in einer großen blauen Schachtel gab, zum Häusel bringen. Mit dieser eilte der Gute durch die Reihen zu seiner Angebeteten. Kurz darauf schlenderte Kurt mit zwei „Schachteln", der blauen in der Hand und der Geliebten am Arm, zurück zur Mannschaft.

Frau Lengfelder und Tochter Rita, die Sportskanone, zupften oft bei uns. Ihr Mann arbeitete bei Krauss-Maffei und kam am Wochenende mit dem Rennrad aus Dachau zur Unterstützung. Er brachte es fertig, am Ackerrand die 7 Meter am stabilisierenden eisernen Anker flink hochzuklettern und, unter allseitigem Beifall, auf der dazugehörigen schrägen Hopfensäule runterzurutschen. Rita trat als Kunstturnerin auf und musste hart trainieren, sobald ihr Vater erschien. Handstand, Kopfstand, Verrenkungen auf und unterm Stuhl und durch die Stuhllehne hindurch bereiteten ihr oft Schmerzen. Doch ihre Anstrengungen wurden belohnt, sie durfte später als Solistin in „Holiday on Ice" auftreten. Ihre Kinderkleider, viel schicker als unsere, trug ich gerne auf.

Ein findiger Hopfenzupferbub, Robert, interessierte sich sehr für das Viehzeug und die Gerätschaften, die es auf so einem Hof gab. Ich staunte, dass Stadtkinder von vielen Dingen keine Ahnung hatten, die für mich von klein auf selbstverständlich waren. Einmal lief er mit ausgebreiteten Armen um mich herum und sagte: „Meine Freundin". Ich schämte mich so, weil ich dachte, es sei sündhaft, wenn Buben mit Mädchen befreundet sind. Roberts flotte Schwester war gerade sechzehn und wollte unbedingt einen Tag früher heimfahren, weil ihre Ferien zu Ende gingen. Vater brachte sie zum Bahnhof und löste einen Einzelfahrschein nach Dachau. Zwei Tage später fahndete die Polizei bei uns nach dem Mädchen. Wie sich später herausstellte, war das junge Fräulein mit dem Zupferlohn einem Schaustellergehilfen nachgereist, in den es sich auf dem Dachauer Volksfest verliebt hatte. Angeblich soll ihr Vater damals im Keller schon Messer und Eimer zurechtgelegt haben, doch er kam zur Vernunft und seine Tochter blieb am Leben.

Die stille „Taube" war drei Jahre älter als ich und Tochter eines amerikanischen Besatzungssoldaten. Ihre rassige dunkelhaarige Mutter war ein Musterexemplar des deutschen Fräuleinwunders. Sie nannte ihr Kind „Taube", weil es, noch im Kinderwagen, einen Vogel bestaunt hatte, und als man dem Mädchen sagte, das sei eine Taube, ihm diesen Namen noch lange fasziniert hinterher rief. Sie war meistens mit ihrer Oma bei uns, doch einmal kam auch ihre Mama mit. Am letzten Tag, als alle Hopfenzupfer für ihre gesammelten Zeichen Geld ausbezahlt bekamen, lagen Bündel mit Scheinen und Münzrollen vor meinem Vater auf dem Tisch. Links ums Eck saß ich und mir gegenüber der jeweilige Lohnempfänger. Da streifte Taubes Mama flink ihren weiten Rock nach oben und fragte meinen Vater: „Mogst mei schwarze Katz segn?" Wer unseren Pap kannte, weiß, wie oft er sonst kopfnickend sagte: „Ja a". Nicht auszudenken, welchen Anfechtungen er ausgesetzt gewesen wäre, wenn ich nicht aufgepasst hätte.

Endlich, die letzte Rehm!

Eine fleißige Arbeiterin rief im Überschwang ihrer Freude über das verdiente Geld: „Jetzt konn e frogn, „wos kost'n Dachau?"". Zu meinem Bedauern, aber zur Erleichterung meiner Eltern, war dann die Hopfenbrock beendet. Wir hatten die letzte „Rehm" um das Hopfenstangl gewunden und sie singend und juchzend heimbalanciert. Jeder nahm sich ein Sträußerl davon als Andenken mit. Am Abend gab es das üppige Hopfenmahl: einen reschen Schweinsbraten mit Knödeln und Kraut. Danach trug Mutter noch so viele „Schuxn" - schuhsohlengroßes, aufgeblähtes Schmalzgebäck - auf, dass sie auch noch als Wegzehrung für die Heimreise der Zupfer langten. Wir sangen gemeinsam und verkleideten uns, um heimlich einstudierte Theaterstücke aufzuführen.

Gaudi auf'm Misthaufen

Gleich nach der Ernte zog der Kapuzinerfrater Rasso mit einem Handwagen durch die Gegend. Ansonsten war es seine Aufgabe, beim Sonntagsgottesdienst in Mainburg mit dem Klingelbeutel durch die Kirchenbankreihen zu gehen. Da legte ihm mancher, der ihn gut kannte, eine Zigarette hinein, was ihn besonders freute. Der kleine behäbige Gottesmann war mit einer braunen Kutte angetan und trug einen Strick um den Bauch geknüpft. „Grüass God, da Frata war wieda do zum Hopfastehln", stellte er sich vor. Während Mutter mit der Salatschüssel die knarzende Stiege zum Hopfenboden hinaufpolterte, nutzte er die Zeit, meine Befangenheit zu vertreiben. Er brachte mich zum Lachen, indem er seinen langen, graugesprenkelten Vollbart nach oben übers Gesicht stülpte und die Kapuze darüber zog. Als Mutter schnaufend auftauchte und ihren Hopfen in sein Sackl schüttete, zeigte er auch ihr seine Kunststücke. Manchmal kramte er aus seiner Kutte sogar noch ein Heiligenbildl für mich, ehe er in das Weihwasserkesserl neben der Stubentür fasste, uns besprengte und sich mit: „Vergelts eich God!" verabschiedete. Um eine Hopfenspende baten auch unser Kooperator, Leute vom Roten Kreuz und die Neustädter für den Wiederaufbau ihrer Kirche. Sie war den Panzergranaten zum Opfer gefallen, mit denen die Amerikaner vom gegenüberliegenden Donauufer die Stadt beschossen hatten.

Zur selben Zeit fuhren die Hopfenhändler und -schmuser, das waren die Vermittler des Geschäfts, auf die Höfe. Vorverträge gab es noch nicht, innerhalb weniger Wochen konnte der Preis, je nach Angebot und Nachfrage, um das Fünffache steigen oder ganz tief fallen. Wie viel der Bauer für seine und seiner Leute Jahresarbeit bekam, war reine Glückssache. Hatte er Pech beim Verkauf, reichte es kaum zur Deckung der Unkosten. Händler und Bauer konnten recht gut das Gewicht des Doldenberges abschätzen.

War das „Grüne Gold" per Handschlag ganz oder teilweise verkauft, kam der Hopfentreter angerattert. Seine Frau hatte er auf dem Rücksitz und einen Packen Säcke im Anhänger verstaut. Unter dem Hopfenhaufen gab es ein, normalerweise abgedecktes, quadratisches Loch im Boden. Der Rand des großen Hopfensackes wurde über einen hölzernen Reifen gerollt und festgeklemmt. Hängte man den über das Loch, fiel der Sack tief in die darunter liegende Kammer. Die hatte an der Ecke noch eine Aushöhlung im Boden, weil die normale Raumhöhe nicht ausgereicht hätte. Erst wurde Hopfen hinein geschüttet, dann ließ sich der Hopfentreter vorsichtig hinab und trat ihn im Sack fest. Beim Nachfüllen schritt er zur Seite, mit dem Gesicht zur Sackwand und bedeckte mit den Händen sein „Gnack" zwischen Hut und Joppenkragen. Es war ein leichtes für ihn, aus dem vollen, fest eingetretenen Sack auszusteigen, der nun vom Reifen gewickelt und senkrecht auf den Kammerboden hinab gelassen wurde. Seine Gemahlin stieg auf einen Stuhl und nähte ihn per Hand fest zu. Die Sackwaage sah man kaum noch unter dem riesigen prallen Hopfenballen, den man mit Händen nicht fassen konnte. Mit Hilfe von Haken luden mehrere Männer die Ballen auf den Wagen.

Beim Hopfenfachwart, dem Hoimer in Notzenhausen, besorgte Vater eine Hopfenherkunftsbescheinigung und fuhr die Ladung nach Au zum Abwiegen und Versiegeln. Der Bauer bekam vom Aufkäufer einen Barscheck ausgehändigt, den er in dessen Hausbank, ebenfalls dort vertreten, umgehend eingelöst hat. Girokonten existierten noch nicht, auf das Geldbündel musste man gut aufpassen.

Um 1960 gab es ungefähr fünfmal so viele Hopfenbauern wie heute, die zusammen allerdings nur ein Drittel der jetzigen Hopfenmenge erzeugten.

Winterfreuden

Auch im Spätherbst mussten wir noch in den Hopfengarten. Meistens brauchte ich nur die Stecken zusammenzutragen, die hölzernen hat man gleich am Ackerrand aufgeschichtet. Den verzinkten, zwei Millimeter starken Auflaufdraht hatten die Reben dicht umschlungen. Meine großen Geschwister legten einen Ring um eine Hopfensäule und hängten den Haken des Auflaufdrahtes daran. Mit beiden Händen am Griff eines Eisenbügels rupften und rissen sie die dürre Rebe herunter. Das ging schwer, sie mussten ruckeln - und schon lagen sie auf dem Hintern, mitten im Dreck, wenn wieder ein alter Draht gerissen war. Meine Schwester Rosa durfte während dieser Prozedur immer das „Schwanzl", das untere Ende, festhalten.

Die zur Verlängerung der Drähte gebrauchten Spagatschnüre knüpfte Vater im Winter daheim wieder ordentlich aneinander und wickelte von unzähligen Knoten gespickte Knäuel daraus. Drahtbündel rollte man zu Kränzen, aus denen musste ich im Frühjahr vorsichtig die Drähte einzeln herausziehen und meinem Bruder zum Aufhängen in die Hand geben, während eine meiner Schwestern sie mit Hilfe der Schnüre am Stecken festband. Obwohl ich sorgfältig abwog, welchen ich als Nächsten nehmen sollte, verwickelten sie sich oft zu einer so genannten „Hex"; dann war ich den Tränen nahe und bedurfte der Hilfe meiner großen Geschwister.

Danach, vor Einzug des Winters, hielt man jedes Jahr in der Gemeinde eine Treibjagd ab, an der sich junge Burschen als Treiber beteiligten. Ich hörte Schüsse krachen und sah die Kerle über die Felder hetzen. Am Nachmittag zog ein Pferdewagen vorbei, auf dem ein paar Füchse lagen und an die zwei Dutzend Feldhasen von einem Gerüst baumelten.

Grünberg

Ein Wanderschäfer kam dann aus dem Allgäu an und verweilte mit seiner Herde den ganzen Winter in unserer Gemeinde. Bei starkem Frost und geschlossener Schneedecke brachte er seine Schafe in einem Stall unter, dafür musste er Heu zukaufen. Sonst zogen sie über die Gemeindefluren, ich schaute sehnsüchtig den blökenden Lämmern nach, zu gerne hätte ich so ein kleines wolligweiches „Bäzerl" gehabt. Der Schäfer, groß und beleibt, schwarz behaart und vollbärtig, bezahlte bei meinem Vater die Pacht für das Weiderecht in der Gemeinde. Mutter meinte, nun könnte ich ihm ja meinen Wunsch vortragen und ich überwand meine Scheu. „Woisch, e Lämmle möchschd, fufzschg Mark tät halt oins koschde", war seine Antwort. Ein stolzer Preis, da die D-Mark noch jung war.

Schafe galten damals noch nicht als Schlachtvieh, sie lieferten uns ja wertvolle Wolle. Beim Hoimer in Notzenhausen hielt man auch einige davon. Für das Schuhmachen bekam Vater dort rohe Schafwolle, die meine ältesten Geschwister auszupfen mussten. Tante Kath verstand noch, Wolle daraus zu spinnen. Danach war wieder Anni dran, die musste Socken stricken und am Abend recht bald wieder stopfen, weil die Wolle nicht strapazierfähig war. An Fersen und Spitzen strickte sie zur Verstärkung schon immer heimlich Schusterfaden mit hinein, Vater hätte es nicht erlaubt. An stillen langen Abenden mit Handarbeiten beschäftigt, hatten wir Muße nachzudenken und voraus zu träumen. Man kam noch zur Ruhe, war „bei sich" und nicht vielfältigen Zerstreuungen durch Fernsehen und moderne Medien ausgesetzt.

Herrschte auf den Feldern Winterruhe, haben Vater, Bruder und Schwestern im Wald etliche „Bam g'macht". Am wärmsten wurde ihnen beim „Stockreiten" (Entwurzeln). Bis so ein verzweigter, in vielen Jahrzehnten eingewachsener Wurzelstock sich rühren wollte, mussten sie sich furchtbar plagen. Mit schweren Hacken und Pickeln legten sie die vielen Wurzeln des Riesen größtenteils frei, bevor Vater mit Schießpulver nachhelfen konnte. Zu guter letzt band er ihn an die Kette und spannte unseren mickerigen Bulldog zum Ziehen ein. Das war dem oft zu schwer und er stieg vorne hoch, wie ein scheuer Gaul. Weil unser kleiner Wald noch jung war, ersteigerte Vater im ganzen Landkreis die Wurzelstöcke abgeholzter Stämme. Die älteren Geschwister mussten dann mit ihm zum Stockreiten fahren. Eine Woche schufteten sie oben bei der Pötzmesser „Hütte", einer Waldwirtschaft nördlich von Mainburg. Noch bevor es Tag wurde, fuhren sie los, zur Beleuchtung hingen hinten am Wagen zwei Laternen. Vater lenkte den Bulldog ohne Verdeck, auf dem offenen Anhänger rumpelte und scheppferte es und da saßen, in Decken gehüllt und trotzdem bibbernd, zwei meiner Schwestern. Ein scharfer Wind blies, es war bitterkalt auf der langen Fahrt, doch mittags durften sie in die Hütte gehen und Vater kaufte für alle zusammen eine Maß Bier. Ihr Essen, Presssack und Eier oder Geselchtes, hatte ihnen Mutter eingewickelt. Dank meiner späten Geburt entwischte ich dieser Schinderei, doch ich erinnere mich daran, dass sie oft sehr spät heimkamen, ihre Handschuhe um den Ofen zum Trocknen aufhängten, Zeitungspapier in ihre feuchten hohen Schuhe stopften und die Petroleumlampen für den nächsten Tag auffüllten.

Daheim dann, beim „Stockglüam", wenn Vater und Bruder den Wurzelstock mit Hilfe von Keilen zerkleinerten, erwärmte er die Männer zum zweiten Mal. Bis er zum dritten Mal endlich in der

Stube wärmte und im prasselnden Feuer krachte, hatten sie sich diese Behaglichkeit redlich verdient. Der grüne „Grasslad" türmte sich nun in allen Höfen. Dick mit Pullovern, Westen und Joppen, stoffbesetzten Strickfäustlingen und dicksohligen Holzschuhen ausstaffiert, standen die Frauen wochenlang am „Schnoatstock". Das ganz weiche Grün der Zweigspitzerl streute man den Kühen ein. Meine Schwestern stutzten sogar die Nadeln der dünnen Zweige. Gebündelt ergaben sie den „Rauhbauschn", den Mutter zusammen mit dem „Keaspo" zum „O' kentn" des Herdfeuers brauchte. Zweige zerkleinerten die Schwestern mit dem Hackl, Aststücke kamen in die Kreissäge, bevor Vater sie spaltete. Um das Haus herum säuberlich aufgestapelt, hatten wir dann mindestens für ein Jahr wieder genug „Holz vor der Hüttn".

Besenbinden war eine Arbeit, der Vater in der warmen Stube nachgehen konnte. Aus Birkenzweigen band er robuste Hof- und Stallbesen. Der Großvater beherrschte diese Technik sogar noch vollendeter, denn er benutzte dafür nicht Draht, sondern geschälte Weidenruten. Bei ihm konnte niemals ein für das Vieh lebensgefährliches, abgebrochenes Drahtstück ins Futter geraten. Er war schon schwerkrank und weinte, als meine Eltern eine Kuh möglicherweise deswegen hatten „schlagen" (töten) müssen, denn unsere drei Kühe sicherten die Existenz der großen Familie. Für uns Kinder banden die Männer aus dem Reisigabfall immer kleine Besen. Sie waren richtig niedlich, wir haben uns alle recht gefreut darüber und emsig gekehrt.

Das Reparieren der Hopfenkörbe gehörte ebenfalls zu den Winterarbeiten. Neue „Kürman" kauften wir den übers Land fahrenden „Körbezeunern" aus dem Donaumoos ab. Vater hielt sie regelmäßig in Stand, deshalb brauchten sie so gut wie nie ausgemustert werden. Hatten wir unsere Rechen „zammgerissen", reparierte Vater auch diese. Zeigten sie Lücken, schnitzte er „zweite Zähne" und passte sie ein, damit es uns im Frühjahr nicht an Arbeitsgeräten mangelte.

In die „stade" Jahreszeit fiel auch das „Federschloazn". Wir Mädchen und Frauen setzten Kopftücher auf, um unser Haar vor dem umherfliegenden Flaum zu schützen, doch einzelne Haare, die herausspitzten, sahen wie bereift aus. Wir saßen zusammen, ratschten und „schloazten" eifrig. Im Frühsommer schon hatte Mutter sämtliche Gänse gerupft und deren Federn, wie auch die der geschlachteten Kirchweih- und Weihnachtsgänse, zum Trocknen aufgehängt. Daunen und zarte Federchen konnte man, so wie sie sind, für Oberbetten gebrauchen. Vom Kiel „geschloazte" dicke Federn und deren abgeschnittene Spitzln dienten als Kopfkissen- und Unterbettfülle. Die Flügelspitzen benutzten wir getrocknet als Flederwisch, also Handbesen.

Die Wohnküche war damals der einzige beheizte Raum im Haus, die Kammern blieben kalt. Solange wir auf Stroh schliefen, freute ich mich, wenn Mutter die Strohsäcke frisch aufgefüllt hatte. Dann war das Bett zwar so hoch, dass ich es als Kind nur schwerlich erklettern, mich aber mit Wonne, wie in ein Nest, hineinplumpsen lassen konnte, wenn ich es endlich geschafft hatte. Über die gelötete, aber immer noch leicht tropfende Kupferwärmflasche war ich trotzdem froh. Der Spangler in Tegernbach hatte sich ihrer angenommen gehabt, wie er auch Töpfe, Tiegel und Schüsseln aus emailliertem Blech flickte. Unter unserem Dach waren die Wände so dünn, dass sich bei starker Kälte Raureif daran bildete und unsere Fenster zierten wunderschöne Eisblumen.

Während des Krieges waren alle Kammern voll belegt. Die Betten meines Bruders und eines Schustergesellen fanden nur noch auf dem freien Dachboden Platz, wo der Schneewind über Nacht oft weiße Spuren hinterließ. „Des war scho lausig koit, zwischn de Dochpfanna hots greisle neizogn". Ich glaub, die mussten auf dem Bauch schlafen, damit ihnen das Nasentröpferl nicht einfror.

Unser Großvater besaß schon ein Bett mit Matratze und als er gestorben war, balgten sich meine Geschwister darum. Sie hatten

Unser Großvater

ihn alle sehr geschätzt und geliebt, Christa wollte sich nur von ihm ihre langen Haare kämmen und zu Zöpfen flechten lassen: „Wia a Bruathenn' war a für uns Kinda!" Er hatte für jedes von ihnen eine Sparbüchse angelegt und war traurig, als die Währungsreform kurz vor seinem Tod das Angesparte wertlos machte. Seine Frau hatte ihm zwölf Kinder geschenkt, von denen nur sieben die Kleinkinderzeit überlebten. Weil sie schon sehr früh sterben musste, fehlt uns jede Erinnerung an sie.

Jeden Dezember besuchte uns der Nikolaus samt Gehilfen. Alle saßen um den Tisch versammelt und während die Kleineren recht brav und gläubig beteten, setzte sich der allwissende Heilige dicht zu meinem Bruder, forderte ihn auf, ebenfalls zu beten und hielt ihm dabei alle seine Schandtaten vor. Doch da die bekannte Burschenstimme derart maßlos mit den Vorwürfen übertrieb und der Schulbub auf Verlangen schon gar nicht beten wollte, fand der feierliche Auftritt ein jähes Ende - durch den raschen Griff nach Blose Schorschs Maske. Eine halbe Stunde später erschien der nächste Nikolaus. Unheimlich tief seine Stimme: „Seid ihr auch alle brav gewesen?" Die Größeren wussten sofort: „Des is d' Klosn Fanny!" Sie brachte ihnen einen Sack voll rotbackiger Äpfel und Walnüsse mit und das ließen sie sich schon eher gefallen.

In der Adventszeit mussten wir als Schulkinder Fünf- und Zehnpfennigstücke erbetteln zur Fütterung unserer Spar-Krippen. Die sollten wir Weihnachten dem Kind in die Krippe legen, damit in Afrika die Heidenkinder zum Christentum bekehrt werden könnten. Anderenfalls bliebe ihnen auf ewig der Himmel verschlossen und im Jenseits warteten nur Fegefeuer und Hölle auf sie; so machte man uns glauben.

Für unsere große Familie hat Mutter zu Weihnachten einen Haufen „Guatln", Plätzchen, und Honiglebkuchen gebacken. Wir halfen gerne mit, wollten ununterbrochen vom süßen Teig probieren, bis sie uns sagte, der sei giftig, weil Backpulver darin sei und das dürfe man keinesfalls roh essen. Später arbeitete eine Schwester in einem auswärtigen Haushalt, und Mutters Trick flog auf. Vernaschen durften wir nur die missratenen Plätzchen, wobei wir den Holzofen auf unserer Seite hatten. Von seiner Unzulänglichkeit profitierten wir, bis die vorderen am Blech fertig waren, hatte er die hintersten schon arg gebräunt. Damit nicht alle der galoppierenden Schwindsucht zum Opfer fielen, versteckte Mutter ihre Kostbarkeiten wohlweislich in geschlossenen Blecheimern.

Einmal, als mein Bruder auf dem Dachboden hämmerte, stürmte Mutter die Stiege rauf, blieb wie angewurzelt stehen und zog wieder ab. Uns dämmerte - der Ort, wo wir klopften, musste unheimlich „heiß" sein. Natürlich hat sie für einen erneuten Umzug ihres gefährdeten Gutes gesorgt, wie eine Katze, die ihren Nachwuchs vor räuberischen Übergriffen verbirgt. Kein Wunder, unser Bruder war schon als kleiner Knirps Experte im Aufstöbern süßer Sachen. Beim winterlichen Getreidedreschen langte er immer in seine Hosentasche und steckte sich ein Plätzerl in den Mund. Anni forschte staunend nach: „Vo wo host'n du de her?" Mutter hatte sie in die unterste Schublade der Kommode gesperrt. Er, schlau und erfinderisch, zog die mittlere Schublade ganz heraus und füllte seine Taschen.

Endlich, Weihnachten, kamen alle Geschwister heim und die süßen Sachen wurden gerecht aufgeteilt und von jedem sparsam verwaltet. Der nächtliche Gang zur Christmette, zusammen mit Nachbarskindern, war feierlich. Wir brannten die aufgesparten Sternwerfer ab und bewunderten in der Kirche das Jesuskind in der Krippe, den geschmückten Lichterbaum, unsere neuen Mützen, Schals und Handschuhe. Denn das Christkind war praktisch veranlagt und wusste, was wir Kinder brauchten. Der Lehrer saß oben an der Orgel und die Gemeinde jubelte kraftvoll die Kirche durchdringende Weihnachtslieder. Weit vorne am Altar stand der Pfarrer, ehe er sich in das Kirchenschiff auf den Predigtstuhl über unseren Mädchenbankreihen begab. Wir rieben in der unbeheizten eiskalten Kirche die Finger aneinander und gebrauchten sie auf dem Heimweg, um eine ordentliche Schneeballschlacht abzuhalten. Wer Pech hatte und sich erwischen ließ, wurde in den weiß gepolsterten Straßengraben geschubst und eingerieben in Gesicht und Hals. Schauderhaft, der nasskalte Schnee unterm Mantelkragen!

Ich freute mich auf die Winterferien, da konnte ich ausschlafen und -träumen bis es endlich Tag wurde. Hatte alle der Übermut nur stark genug ergriffen, durfte ich mit den großen Mädchen und Frauen an mondhellen Abenden Schlitten fahren, Hagmüllers moderne Marianne und ihre fleißige, genügsame Tante Berta, die tüchtige, groß gewachsene Selmerin und ihre lustige kleine Schwägerin Liesl und natürlich meine Schwestern. Mit dicken Joppen, einer langen Trikothose unterm Rock, hohen Schnürschuhen, dicken Fäustlingen und wollenem Kopftuch ausgerüstet ging's los. Grünbergs sanft geschwungene Hügel eignen sich für diese Gaudi gleich noch besser als zur Arbeit. Dabei konnte ich mit den Erwachsenen mithalten. Was haben wir alle gelacht, wenn wieder eine Schlittenladung, sauber umgeschmissen, im knietiefen staubenden Pulverschnee landete! Am liebsten sausten wir auf unserem hölzernen Untersatz den Schlossberg runter, schlugen krachend auf dem zugefrorenen Klosnweiher auf und nutzten den Schwung, um uns wie ein Kreisel auf dem klirrenden Eis drehen zu lassen.

Die Männer schleuderten dort sonntags ihre Eisstöcke derart, dass sie über die Bahn flitzten, einander hart anrempelten und möglichst auch noch die „Taubn" erwischten. Lautstark durcheinander kommentierten sie bei jedem Wurf Geschick und Erfolg des Schützen. Hüten mussten wir uns vor dem Schilf auf diesem Weiher, denn dort hatte der Klosn Schoke immer Luftlöcher für die Karpfen ins Eis geschlagen.

Für Annis Schulkameraden war es das Höchste, auf dem zugefrorenen Hennenbach mit Holzschuhen rumzurutschen, „schleifen" sagten sie dazu. Solche wollte sie auch so gerne und durfte sich endlich beim Anneserkramer in Tegernbach ein Paar kaufen. Doch Vater haute gleich Nägel auf die Sohlen und: Vorbei war's mit'm Schleifen.

Kam ich durchfroren heim, wärmte ich mich erst einmal im lauwarmen Kuhstall auf. Wäre ich gleich in die behagliche Stube gegangen, hätten Hände und Füße ganz furchtbar „gewiegelt", wehgetan. Endlich am Küchenherd angekommen, schöpfte ich heißen Lindenblütentee in meine Tasse, und schon wurde mir von innen warm, während meine Brotscheiben noch in der Pfanne rösteten.

Am 2. Februar, Maria Lichtmess, traten die Dienstboten auf einem neuen Hof zur Arbeit an. In der Kirche weihte der Pfarrer die Kerzen und erteilte allen Gläubigen den Blasiussegen zum Schutz vor Halskrankheiten. Abends beteten wir daheim in der finsteren Stube gemeinsam einen Rosenkranz und die Allerheiligenlitanei, wobei alle am Boden knieten. Auf Mutters Bankerl lag im Schein eines zierlichen Wachsstöckels das Gebetbuch bereit. Bis die ersten dünnen „Liamesskirzln" heruntergebrannt waren, musste man beten. Manche Familien stellten die Lichter gedrängt auf, damit sie schneller wegschmolzen. Mindestens zwei Dutzend davon hatte ich weiträumig über die Rückseite unseres Nudelbretts verteilt und mit Wachstropfen festgeklebt. Beim Beten hoffte ich, dass möglichst viele bunte Stummel die

Zeremonie überleben und meinen Raritätenschatz aufwerten würden.

In der arbeitsärmeren Zeit nutzten meine Geschwister die Abendstunden für Tanzübungen auf dem Garagenboden. Nachbars Marianne hatte von ihrer Verwandtschaft ein krächzendes Grammophon einschließlich der dazugehörigen großen Schellackplatten ausgeliehen bekommen. Der Apparat mit dem großen gewundenen Trichterlautsprecher funktionierte per Drehkurbel, wie der Leierkastenmann waren wir damit stromunabhängig. Durch Tätigkeiten, die keinerlei Aufschub duldeten, zog ich das Zubettgehen stets lange hinaus. In die Kammer verbannt, ließ meine übergroße Neugier mich keinesfalls ruhen, sondern angestrengt die Ohren spitzen, solange Betriebsamkeit herrschte. Den Schwofern konnte ich als „Discjockey" gute Dienste leisten, also schlich ich mich im Schlafanzug über den Hof zu ihnen. Wenn Mutter prüfend die Treppe raufschaute, versteckte ich mich mucksmäuschenstill unter der Dachschräge.

Sterben gehört zum Leben

Jung und Alt lebten in der Familie zusammen. Waren die Großeltern auch schlecht auf den Beinen, ihre Hände durften noch lange nicht ruhen. So gut sie es vermochten, hatten sie ein Leben lang für Kinder und Enkel gesorgt und konnten dafür mit Achtung und Hilfe im Alter rechnen. Der Tod, heute vielfach verdrängt, gehörte damals noch selbstverständlich zum Leben.

In der Pfarrkirche hatten alle ihren Platz, fehlte einer, war er krank, alt oder gebrechlich. Zur Aussteuer jeder jungen Frau gehörte auch eine Versehgarnitur, bestehend aus Kreuz, Weihwasser- und Ölschälchen und einem mit religiösen Motiven bestickten Tuch. Am Kopfende der Betten hing jeweils ein Sterbekreuzerl. Musste einer sein Leben lassen, kam der Pfarrer, vom Mesner oder Ministranten mit dem ewigen Licht begleitet, zur letzten Ölung. Begegneten wir ihnen auf diesem Weg, machten wir eine Kniebeuge vor dem Leib des Herrn, den sie mit sich trugen.

Hörten wir die Sterbeglocke läuten, wussten wir, dass nun jemand erlöst war und sahen auch bald die zierliche Lies, das Totenweib, über die Fluren in unser einsames Dörferl gehen. Sie betrat jedes Haus und sagte, wer gestorben sei und wann Sterberosenkranz, Beisetz und Beerdigung stattfinden würden. Noch heute habe ich ihr Sprücherl im Ohr: „Beim Huaba lassns bittn an Großvadda in d' Leich ...". Für diesen Dienst bekam die Liesl „zwoa Oar fürs Eisogn" oder zwei Zehnerl.

Um eine Antwort war die couragierte Frau nie verlegen, so auch, als unser Großvater sie neugierig fragte: „Liesl, wennsd de Oar olle isst, griagsd do ned –, i moan, wia geht's da do mid da Vadauung?" „Do brauchst de ned kümman, wenns ma zvuj wern, tua es hartkocha, na wirkans glei wieda dagegn!"

Die Liesl hat die Toten hergerichtet, also gewaschen, gekämmt, mit dem schönen Gewand angezogen und in den Sarg gebettet.

Früher wurden sie daheim im verdunkelten Hausgang aufgebahrt, später bekamen wir mit dem neuen Friedhof ein Totenhaus.

Mit Neugier und Gruseln sahen wir Schulkinder alle Verstorbenen an, und dabei trennte uns in dem düsteren Leichenhaus keine Glasscheibe. Öffnete man die Tür, schlug einem augenblicklich der strenge Geruch der Grünpflanzen entgegen. Wir wagten kaum noch zu schnaufen. Zu beiden Seiten des Hauptes und der Füße des Aufgebahrten flackerten Kerzenlichter. Natürlich bespritzten wir ihn bei der Gelegenheit ein bissl mit kaltem Weihwasser und passten auf, dass der Tote sich ja nicht erschreckte. Wie Perlen glitzerten die Tropfen auf dem wächsernen Gesicht und den Rosenkranz und Kreuz umfassenden, gefalteten Händen. Nach einem kurzen Gebet machten wir uns danach beim Weggehen gegenseitig Angst: „Drah de ned um, jetz kimmt a …".

Nach der Beerdigung, wenn der Pfarrer gesprochen und der Kirchenchor gesungen hatte und der Sarg hinabgesenkt worden war, waltete wieder die Liesl ihres Amtes. Für die ganze große versammelte Gemeinde verkündete sie lauthals: „De Hintabliema lodn ei: an Pfarra, an Mesna, d' Ministrantn, an Kirchachor, d' Sargträga, an Kreizltroga, an Todngroba, d' Feiawehr, an Kriegavorei und de ganz Vowandtschoft zo da Kremess beim oban Wirt!" War es „a scheene Leich", so folgte für alle ein ausgiebiges Mahl, bestehend aus festen Speisen und flüssigen Stärkungsmitteln. Um alle Traurigen zu trösten, hatten die Wirtsleute alle Hände voll zu tun; daran hat sich bis heute nichts geändert.

An der Kirche lagen die alten Pfarrergräber, darum herum die der Familien, umgeben von der Friedhofsmauer. Der Pfarrer wusste, dass die einschichtige Liesl eine gute Haut war. Also bat er sie, das Unkraut an der Kirchenmauer auszurupfen. Beim Anblick der stämmigen Brennnesseln ließ sie gradraus verlauten, was ihre Seele bedrückte: „Ja mi leckst … Pfarrer, ja mi leckst …!" Währenddessen marschierte jenseits der Friedhofsmauer gerade die Pfarrersköchin vom Kramer heim und freute sich über Liesls's freundliches Angebot so sehr, dass sie es nicht lassen konnte, ihrem Dienstherrn nach dem Abendessen zu verraten, welch reizende „Nachspeise" ihm noch winkte.

Die emsige Liesl wurde noch öfter belauscht auf dem alten Gottesacker, der die sterblichen Überreste ihrer früheren Kundschaft barg. Zeitlebens war ihr deren Seelenheil angelegen, weshalb sie so oft wie möglich die Gräber reichlich mit Weihwasser besprengte. Wiederholte Scherereien mit der irdischen Obrigkeit zwecks Weihwasserverbrauchs nahm sie in Kauf: „Saufts no, arme Seeln, saufts no, und da Pfarra und da Mesna kinan uns grod ...!" Hunger und Durst waren ihr vertraut.

Liebenswerte unvergessene Originale

Unsere einzigartige Totenfrau mit ihrem, unter einer derben Schale verborgenen, weichen Herzen war eben noch ein Original, ein so genanntes „Urviech", wie man sie heute leider kaum noch findet. Aufrechte, mutige Menschen, die mit sich selbst im Reinen waren und geschliffener, angepasster Umgangsformen nicht bedurften. Ihre eigene unverwechselbare Sprache wurde durch eine lebendige Gestik ergänzt und in ihrer Ehrlichkeit bestätigt. Individuen, die schon seit vielen Jahren nicht mehr auf der Welt und doch in unserer Erinnerung lebendig geblieben sind.

Tante Kath und ihre Purzelbäume

Tante Kath, Vaters älteste Schwester, wollte Mopedfahren lernen, um noch fixer unterwegs zu sein als mit Radl und Bulldog. Sie hat es auch recht schnell heraus gehabt. Gleich ging's los, sie drehte eine Runde um Osterwaal rum und weil es so gut ging, ließ sie gleich eine zweite folgen. Da bewegte sich dort sachte ein Vorhang. Bei ihrer dritten Rundfahrt zeigten sich schon mehrere Osterwaaler am Fenster, die wissen wollten, wer es da so schön rattern ließ. Während der folgenden Runden kamen dann auch etliche aus ihren Häusern, um die flotte Brücklin zu bewundern. Vielleicht wären sie lieber in ihren Behausungen geblieben, wenn sie gewusst hätten, was sie wusste: dass sie nicht anhalten konnte. Die Schaulustigen verdankten den ausgiebigen Genuss ihrer „Fahrkünste" allein dem Umstand, dass sie noch keine Zeit gehabt hatte, es zu lernen.

Den landwirtschaftlichen Familienbetrieb schmiss sie zum guten Teil allein. Die Interessen ihres offiziell bestätigten Hofherrn waren vielfältig und mehr aushäusig. Wochentags hatte sie in Haus, Hof, Stall und Feld schwer zu arbeiten. Der Sonntagvormittag gehörte Kirche und Küche, der Nachmittag ihr, da fuhr sie auf dem Moped spazieren. Sie besuchte gerne unsere Mutter, die um diese Zeit meistens Strümpfe stopfte, das gehörte zu ihren „Sonntagsvergnügungen".

Mit Tante Kath hab ich immer gern „g'schmatzt", sogar wenn sie mich tratzte. Obwohl sie selten auch nur eine Miene verzog, hat sie das Aufblitzen ihrer spitzbübischen Augen immer schon verraten. Um das Lachen zurückzuhalten, biss sie die Zähne zusammen, wobei seitlich aber immer noch ihr freches „Blescherl" rausspitzte. Zufällig war sie da, als ich fünf Jahre alt wurde. „Hosd scho deine fünf Purzlbam gmachd, des muass ma fei scho!", klärte sie mich auf. Über der Straße, unter dem großen Apfelbaum, schritt ich sogleich ans Werk und, obwohl es da leicht bergab ging, stellte ich mich recht deppert an. Weil ich meinen Schwerpunkt nicht in die Höhe bekam, kugelte ich seitwärts und schaute recht dumm. Da kniete sie schon am Boden, steckte ihren Kopf zwischen die Beine, ließ ihr Hinterteil in der Luft darüber schwingen und schlug Purzelbäume wie aus dem Bilderbuch, dabei hatte die Frau ihren fünfzigsten Wiegentag bereits hinter sich.

„D' Nohdaren" Zenzl

„Ja schauts es no grod o mit ihrane Röck und Untahosn!", lästerte das nächste Original, die Hausler Zenz. Gemeinsam mit Mutter hatte die Störnäherin als Bewertungsrichter unsere akrobatischen Übungen vom Ausguckposten Küchenfenster verfolgt. Sie war ledig, groß und dünn und trug ihr angegrautes Haar ordentlich geflochten am Nacken aufgesteckt. Zwei eiserne Fingerhüte, einer mit und einer ohne Boden, schmückten klappernd Ring- und Mittelfinger ihrer Rechten. Zwei Maßbänder, wovon eines so zerstochen war, dass man die Zahlen darauf gar nicht mehr lesen konnte, hingen um ihren schlanken Hals. Ihre hochgeschlossenen Kleider in dunklen Farbtönen bedeckte stets eine saubere Trägerschürze. Wie jedes Jahr verbrachte sie eine Woche in unserem Haus und nähte Schürzen, Kleider und Männerhemden. Zu Fronleichnam, dem „Prangadog", bekam ich meistens ein neues Kleid. Die Modelle nach der neuesten Mode suchten wir im

Quellekatalog aus und genau so, verlangten wir, sollten unsere Sachen auch ausschauen.

Von Zenzl ordentlich eingekleidet

Sie nahm Maß, was sich etwa so anhörte: „neizehr, oasasiewazg, siemadachsd" (das heißt: 19, 71, 87), und notierte die Ergebnisse in einen kleinen Taschenkalender, dessen sämtliche Blätter sie randvoll beschrieb. Auf dem Küchentisch breitete sie die Stoffe aus, malte mit ihrer Schneiderkreide Geheimzeichen darauf und ließ ihre schwere Schere „grrtsch, grrtsch" durchackern. Vor dem Küchentisch war Mutters Nähmaschine aufgebaut, die sie per Fußbetrieb gehörig rattern ließ. Während der Anprobe musste ich absolut stillstehen, obwohl mich die Stecknadeln pieksten. Mit Zackenlitzen, Rüschen und Passepoil schmückte sie unsere Schürzen. Was sie genäht hatte, war solid und wuchs mit, konnte mehrfach in Länge und Breite rausgelassen werden.

Die Zenzl stammte noch aus dem vor-vorigen Jahrhundert und war außergewöhnlich fleißig und fromm. Statt Zahnpasta zu kaufen, benutzte sie eine Prise Salz, die den gleichen Zweck erfüllte. Als sie gehört hat, dass unser Pfarrer gern Zwetschgenwasser trinkt, fragte sie unschuldsvoll: „Muass nacha Zwetschgn d' Köchin olle essn?"

Früher, erzählte sie mir, ging sie mit ihrem Lehrmädel noch zu Fuß auf die Stör, und dabei mussten die Frauen auch ihre eigene, schwere Nähmaschine mittragen. In dämmeriger Morgenstunde bezwangen sie keuchend die Anhöhe zwischen Rudelzhausen und Grünberg, wo das einsame Kreuz steht. Dort, so schwor sie Stein und Bein, sei ihnen wiederholt ein Geist erschienen und habe den schwer Beladenen nachgerufen: „Ist die Gräfin von Haag schon da, schon da …?" - wer auch immer das sein sollte. Als ich davon hörte, stellte ich mir eine umherirrende unerlöste Seele vor und fürchtete mich, im Dunklen raus zu gehen.

Hagmüllervaters Wege

Den Hagmüllervater mit seinem sonnengegerbten zerknitterten Gesicht, kannte ich nur alt, schmächtig und mit gebeugtem Rücken. Seine Rechte umfasste einen Hacklstecken, auf seiner linken Schulter trug er immerzu eine Haue.

Hagmüllervater mit Familie

Zu allen Jahreszeiten sah ich ihn schlurfend die Feldwege abgehen. „I mach an Weg fürs Wasser", sagte er, wenn wir ihn trafen. Quer zu den Bulldogfahrspuren kratzte er mit seiner Haue Rinnen, damit das Regenwasser in den Graben abfließen konnte. Solange er unterwegs war, gab es nie größere Wasserlachen auf unseren Wegen.

Gmoadeana Nickl

Der magere Hofmann Nickl war Grünbergs Gemeindediener. Die Aufträge für seine Botengänge in den weitläufigen Ansiedlungen erhielt er vom Bürgermeister, und so war er allzeit freundlich, lustig und schnackerlfidel auf seinem Radl unterwegs. Noch im hohen Alter versah er seinen Dienst unheimlich tapfer, selbst auf Krücken gehend. Wenn „g'schowad" werden sollte, hat er in allen Anwesen „eigsagt". Große Bauern brachten dann auf ihrem Pferdewagen Kies und Sand aus den nahe gelegenen Gruben. Männer kamen mit Schaufeln, Frauen mit Rechen und gemeinsam füllten sie die Schlaglöcher unserer Dorfstraße auf. Das war, wie man sich denken kann, ein recht geselliges Unternehmen.

Als „Maler und Landstreicher", wie er sich selbst nannte, verdiente er sich ebenfalls ein paar Markl. Im Frühjahr radelte er an, um Küche und Fletz frisch auszuweißeln. Eine alte, auf dem Gepäckträger eingeklemmte Aktentasche barg seine Malutensilien: Waschl, Gummiwalzen und papierene Spitztüterln, die Farbpulver in verschiedenen Tönen enthielten. Zu meiner großen Freude überließ er die Auswahl mir und zauberte, ganz nach Wunsch, feinsäuberlich Bleamerl oder Girlanden an unsere Wände mit ihren Überputz-Elektroleitungen. Besonders uneben war unsere Küchendecke. Wenn Mutter mich krank auf das Kanapee bettete, phantasierte ich darauf alle möglichen Bilder zusammen. An einen dicken Kater mit buschigem Schwanz erinnere ich mich noch immer.

Über ein Flaschl Bier hat sich der Nickl immer gefreut, da ist er gleich noch lustiger geworden. Vom Radl runter sang er dann:

„Püppchen, du bist mein Augenstern, Püppchen, ich hab dich zum Fressen gern ..." oder: „In Tiroi drin, is a Mo drin, hod a Kraxn am Buckl, is a Hoh´ drin, wenns´d eineschaust, is a no drin, wenns´d ´n aussatuasst, na is a nimma drin". In solchen Fällen verspätete er sich öfters beim Heimweg und musste das wieder gutmachen, indem er vor dem Bett seiner weitaus besseren Hülfte kniend Abbitte leistete. Wenn die Absolution nicht bald erfolgte, habe es ihn in der Position allerdings schon öfters „dabröselt", gab der Nickl zu. Hoffentlich ist er erlöst eingeschlafen!

Nickl mit Familie

Einmal hat ihn sein Drahtesel stanglgrad in einen Kornacker gefahren und abgeworfen. Er wehrte sich nicht dagegen, sondern blieb gleich an Ort und Stelle bis zum Morgen liegen. Es war Sommer, und ein Bett im Kornfeld gerade recht. Der Bauer freilich, dem der Acker gehörte, hatte das gesehen und fragte ihn in aller Öffentlichkeit am nächsten Tag: „Nickl, host guat g'schlaffa a mein Acka drin?" „Ja, scho, bloß as Aufsteh is ma schwarg'foin", daraufhin: „Des kon i ma scho denga". Der Bauer freut sich zu früh, denn der Nickl konterte taufrisch und hellwach: „S'war zwengs de Brochwürz, de ma in d' Hosnseck neig'wachsn warn". Die Brachwurz zählt zur Gruppe der Knöterichgewächse und ist rasch wachsend. Es gereichte einem Bauern also keineswegs zur Ehre, wenn sich dieses Unkraut auf seinen Feldern ausbreitete.

Kooperator mit starkem Schutzengel

Nach dem Krieg waltete Kooperator Greinsberger in der Pfarrgemeinde Rudelzhausen, später leitete er die Pfarrei Oberempfenbach. Die jungen Burschen, so auch mein Bruder, lernten von ihm stenographieren. Schnellschreiben war das Eine, flott Motorradfahren das Andere, weswegen dieser Mann unvergesslich bleibt.

Wie gewohnt, wollte der Blose von Enzelhausen frühmorgens, als kaum ein Fahrzeug unterwegs war, zum Kleeholen fahren. Lässig saß er auf dem Wagen und ließ sein Pferd, das den Weg ja gut kannte, quer über die Hauptstraße ziehen. Da hörte er ein Motorrad heranbrausen. Den Blose riss es gewaltig und nicht minder gewaltig riss er die Zügel. Sein Gaul bäumte sich auf, stieg samt Deichsel vorne hoch - zum Glück, denn unterm Pferdebauch hindurch flitzte das Motorrad samt Kooperator. Weiter passierte nichts, deshalb gab es für den Stegreifakrobaten auch keinen Grund, nach der so geglückten Darbietung abzubremsen. Sein tüchtiger Schutzengel wurde noch öfter strapaziert, man sagt, er soll jedes Jahr ein Motorrad zu Schanden gefahren haben.

Zur Freude seiner Pfarrkinder ratterte er gerne beim Hopfenspergerwirt per Motorrad zur hinteren Haustüre hinein und vorne über Stufen und Hausgred hinaus. Ab halb zwölf konnte sich der beliebte Pfarrersknecht vor Freibierspenden kaum retten. Seine Kumpane wussten, dass er ab Mitternacht Speis und Trank entsagen musste, um am nächsten Tag nüchtern das Abendmahl feiern zu können. Legendär war daher sein Ausspruch beim Blick auf den vorrückenden Zeiger der Uhr: „Oa Hoibe geht no".

Das Kreuz auf dem Kuglberg

Verstorbenen und Lebenden gemeinsam ist bis heute Gott sei Dank die Liebe zur Heimat geblieben, die besonders schönen Ausdruck in der Pflege ihrer Traditionen findet. Ein tröstliches Symbol der Zuversicht stellt das die Zeiten überdauernde Kreuz auf dem Kuglberg dar, einer Anhöhe zwischen Grünberg und Bergham. Es steht dort, wo die Leute immer gegangen sind, am Fußweg von Tegernbach nach Rudelzhausen.

Die Kammererwirtsleute aus Kirchdorf erzählten, dass genau an dieser Stelle vor etwa einhundertzwanzig Jahren einer ihrer Söhne verunglückte. Seine Pferde hatten gescheut und gingen durch, ihn überrollte der Wagen. Kurz danach wurde ein Bruder des Verunglückten auf demselben Feld von einer giftigen Fliege gestochen und musste ebenfalls sterben. Daraufhin errichteten ihre Angehörigen beim Unglücksort ein Kreuz mit einer Christusfigur aus bemaltem Blech und pflanzten zu beiden Seiten Pappeln, die es bald überragten.

Nach dem zweiten Weltkrieg fielen diese Bäume, vom Winde zerzaust und gebrochen, der Axt zum Opfer, und bald danach zerbarst der morsche Stamm des Kreuzes. Die leere Höhe des Kuglbergs wurde von Wanderern, denen nun der Wegweiser fehlte, ebenso beklagt wie von den Anliegern, denn das Kreuz hatte Segen auf die Felder ausgestrahlt. Der Kammererwirt als Besitzer, der Schmiedemeister Schmelz als Pächter und der Hagmüller als Anrainer der Äcker trugen sich deshalb schon lange mit dem Gedanken, das Wahrzeichen zu erneuern. Da erlitt im Sommer 1956 der Hagmüller am unteren Kuglberg einen schrecklichen Unfall. Beim Getreidemähen erfasste die Zapfwelle des Binders erst seinen Arbeitsschurz und dann ihn selbst, wobei er grässliche Unterleibsverletzungen davontrug. Mit Gottes Hilfe überstand der Hagmüller seine schwere Verwundung und errichtete daraufhin zusammen mit dem Wirt und dem Schmied ein neues Kreuz mit einer gusseisernen Christusfigur.

Auf diesem schicksalsträchtigen Areal geschah noch ein weiteres furchtbares Unglück. Im Sommer 1985 bohrte sich ein abstürzender Phantom Jagdbomber ins Feld, seine beiden Piloten kamen dabei ums Leben.

Als nach rund einem halben Jahrhundert das Kreuz nun wieder in die Jahre gekommen war, motivierte der Lackermoar seine Feldnachbarn: die Wirts-, Schmied- und Fischerleute. Gemeinsam mauerten sie einen Sockel und brachten darauf ein Lärchenholzkreuz an mit der neu bemalten Christusfigur. Vor feierlich versammeltem Pfarrvolk erhielt es seine Weihe durch Pfarrer Weinzierl. Hoffentlich hält sein Segen für das Hallertauer Land und seine Menschen recht lange …

Abschied

Nach meiner Volksschulzeit ging ich zur Lehre in die Stadt und verbrachte einige Jahre lang noch viele Wochenenden daheim im Familienkreis. Unser Bruder baute ein geräumiges neues Haus. Seine Frau versorgte die Tiere noch gerne und vermehrte mit dem Nachwuchs ihrer besten Kühe den Viehbestand. Die Ställe der übrigen Höfe standen bereits viele Jahre leer, als sie sich endlich überreden ließ, die inzwischen unrentable Milchviehhaltung aufzugeben. Die Befreiung von dieser harten Arbeit und Sorge konnte sie kaum genießen, denn nicht lange danach starb sie völlig unerwartet.

Noch im selben Jahr, 1998, musste mein Bruder die mächtige Linde fällen, da immer wieder schwere Äste vom morschen Stamm gebrochen waren. Sein Sohn, der den Hof weiter ausbaute und nun einen modernen Hopfenanbaubetrieb führt, pflanzte eine neue Linde. Drei fröhliche Enkelkinder bringen Leben ins Haus und haben ihren Opa gern, so wie er und seine Schwestern einst ihren Großvater liebten.

Da ich später nur noch besuchsweise heimkam, wurden mir die stetigen Veränderungen auf dem Hof, in den Dörfern und in der Hallertauer Landschaft umso stärker bewusst. Vorbei sind die Zeiten, da man das Land noch von Hand und mit Zugtieren bearbeitete. Und unwiederbringlich ging auch meine Jugend dahin. Umgeben vom Beton der Großstadt sehne ich mich heute danach, Erde unter meinen Füßen zu spüren. Finde ich Vertrautes aus der Vergangenheit wieder, fühle ich mich wohl: wenn ich die Auen durchstreife, Tiere versorge, im Schrebergarten Gemüse heranziehe und wie Großmutter Vorräte anlege. Das Alter steigert meine Wertschätzung für die entschwundene Zeit mit ihren genügsamen glaubensstarken Menschen und dem lebhaften Getier in der Geborgenheit eines überschaubaren Lebens. Beim Zurückversetzen ins Nimmermehr - Kinderland erfüllen mein Herz

Wehmut und Dankbarkeit für das Erlebte, das uns prägte und Halt gab. Die damaligen Mühen und Einschränkungen sind fast alle vergessen; immer goldener erscheint mir in der Erinnerung meine Kindheit in der Hallertau.

Glossar

Baischen	Getreidegarben
Bam g'macht	Bäume gefällt
Bazlruam	süß-würzige Rüben
Blescherl	Zunge
Bumal	Bulle
Droin zamm glaum	Dolden aufsammeln
Ertl	Ahle
Federschloazn	Federn schleißen
Fletz	Hausgang
g'heilt	gehackt
Grasslad	Nadelbaumäste
g'schmatzt	geplaudert
g'schowad	gescharwerkt, Straße ausgebessert
Gsod	Heu mit Stroh, kurz geschnitten
G'selchterlinge	Räucherschinken
Heiseil	langer Strick
Himmebrand	Königskerze
Hollerbirln	Holunderbeeren
Horde	Siebe zum Dörren

Impnhaus	Bienenhaus
kampelt	gekämmt
Keaspo	Kienspan
Kürman	Körben
Kletzn	gedörrte Birnen
Körbezeunern	Korbflechtern
Knoperator	Kaplan
Krehweiberl	Kräuterfrau
Kremess	Leichenschmaus
Kumpf	Wetzsteinbehälter aus Blech
Latschn	Füße
Lederschaba	lederner Arbeitsschurz
lodn ei	laden ein
Mähbalken	schwenkbarer Messerbalken
O'kentn	Anzünden
O'seitl	Abseite, Dachschräge
Oargackerer	Eierhändler
Palmkätzchen	Weidenkätzchen
Passepoil	Paspel
Rehm	Rebe
Ruam voziagn	Rüben verpflanzen
Sauglocke	glockenförmiger Blechschaber
Saupech	Baumharz, getrocknet und pulverisiert
Schlawittl	Genick
Schnoatstock	Hackstock
Sengbaum	Lebensbaum, Thuja
Stempn	Holzpflock
tratzte	zum Narren hielt
Watschn	Ohrfeigen
Wegrichten	Getreide wegschlichten
Wiesbaum	Holzstamm
zwoa Oar fürs Eisogn	Zwei Eier für das Bescheid geben